KABALA'NIN TEMEL KAVRAMLARI

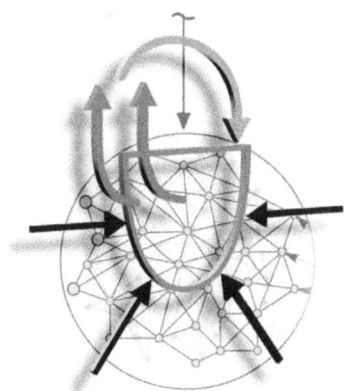

OTANTİK KABALA BİLGELİĞİNE GİRİŞ

Kabalist Dr. Michael Laitman

ISBN: 978-1-77228-074-6
© Laitman Kabbalah Publishers

YAZAR : **Kabalist Dr. Michael Laitman**

www.kabala.info.tr

Kapak: Laitman Kabbalah Publishers
Basım Tarihi: 2023

İçindekiler

HAYAT AĞACI 5
YAZARIN NOTU 7
GİRİŞ 9
BÖLÜM 1: KABALA'DA ALGILAMA METODU 15
BÖLÜM 2: KABALA'NIN AMACI 21
BÖLÜM 3: KABALA'NIN VERİLİŞİ 25
BÖLÜM 4: MÜKEMMELLİK VE DÜNYA 31
BÖLÜM 5: İRADENİN ÖZGÜRLÜĞÜ 37
BÖLÜM 6: KABALA'NIN ÖZÜ VE AMACI 45
BÖLÜM 7: ZOHAR'A SONSÖZ'DEN 49
BÖLÜM 8: KABALA'NIN DİLİ 55
BÖLÜM 9: ZOHAR'A ÖNSÖZ'DEN 59
BÖLÜM 10: ZOHAR'A GİRİŞ'TEN 67
BÖLÜM 11: ON SEFİROT'UN İNCELENMESİNE GİRİŞ'TEN 91
BÖLÜM 12: KABALA İLMİ'NİN SIRLARINI İFŞA İÇİN KOŞULLAR 97
BÖLÜM 13: ANAHTAR KAVRAMLAR 101
BÖLÜM 14: SIK SORULAN SORULAR 111
İLAVE OKUMA 116
BNEI BARUCH HAKKINDA 119

HAYAT AĞACI

Görün ki, bütün oluşacaklar oluşmadan ve yaratılanlar yaratılmadan önce

Üst Işık tüm varoluşu doldurmuştu.

Ve boş bir atmosfer, çukur, ya da kuyu gibi hiçbir bir boşluk yoktu,

Ancak hepsi basit ve sınırsız bir ışıkla doldurulmuştu.

Baş ya da kuyruk gibi bir kısım yoktu,

Ancak her şey, basit, yumuşak ışıktı,

Pürüzsüz ve eşit bir şekilde dengeli,

Ve onun adı Sonsuz Işık'tı.

Ve O'nun iradesine sadece dünyayı yaratma ve

Oluşanların oluşması arzusu geldiğinde,

Dünyaların yaratılış sebebi,

O'nun eylemlerinin, isimlerinin ve unvanlarının mükemmelliğini

Aydınlığa çıkarmaktı,

Ondan sonra O, Kendini ortada,

Tam olarak merkezde sınırladı,

Işığı sınırladı,

Ve Işık, o orta noktanın etrafından

En uzak kenarlara çekildi.

Ve orada boş bir alan kaldı,

Orta noktada dönen bir boşluk.

Ve boş noktanın etrafında

Sınırlama öyle tekleşti ki

Boşluk onun etrafında

Pürüzsüz bir daire çizdi

Orada, sınırlamadan sonra,

Bir boşluk ve alan oluşturduktan sonra

Sonsuz Işık'ın tam olarak ortasında

Bir yer oluşturuldu,

Oluşanların ve yaratılanların yaşayabileceği bir yer.

Sonra, Sonsuz Işık'tan bir çizgi aşağı sallandı,

O alanın içine, aşağı indirildi.

Ve bu çizgi aracılığıyla O, oluşturdu, yarattı, şekil verdi,

Ve tüm dünyaları yarattı.

Bu dört dünya var olmadan önce

Akıl almaz gizli teklikte bir sonsuzluk, bir isim vardı.

Ve hatta O'na en yakın olan açılarda,

Sonsuzlukta hiç bir güç ve edinim yoktur

Çünkü O'nu algılayabilecek akıl yoktur,

Zira O'nun yeri, sınırı, ismi yoktur.

ARİ, Büyük 16.yy Kabalisti

YAZARIN NOTU

Bu kitap çok temel görünse de, Kabala'nın temel bilgisini ifade eden bir kitap olma niyetini taşımıyor. Daha ziyade, okuyucuların Kabala kavramlarına, manevi nesnelere ve manevi terimlere yaklaşımını ilerletmeye yardım içindir.

Kişi bu kitabı defalarca okuyarak içsel görüş ve duyu geliştirir ve daha önce içinde var olmayana yaklaşır. Bu yeni edinilen görüşler, sıradan duyularımızdan gizlenmiş olan boşluğu "hisseden" algılayıcılar gibidirler.

Dolayısıyla, bu kitap manevi terimlerin düşüncesini geliştirmeye yardım amaçlıdır. Bu terimlerle bütünleştiğimiz ölçüde, tıpkı bir sisin kalktığı gibi, etrafımızı saran manevi yapının ortaya çıkışını içsel gücümüzle görmeye başlayabiliriz.

Yine, bu kitap olguların çalışılmasını hedeflememiştir. Bunun yerine, yeni başlayanların sahip oldukları en derin ve en güç algılanan hisleri uyandırmak için yazılmış bir kitaptır.

Dr.Michael Laitman

GİRİŞ

Kalbini hafifçe bana aç

Sana dünyayı ifşa edeceğim

ZOHAR KİTABI

Ben kimim?

Neden varım?

Nereden geldik? Nereye gidiyoruz? Ve buradaki amacımız nedir?

Daha önce bu dünyada bulunduk mu?

Bu dünyada neden ıstırap var ve bundan kaçabilir miyiz?

Huzuru, doyumu ve mutluluğu nasıl edineceğiz?

Kuşaktan kuşağa insanlar bu acı dolu, ısrarlı sorulara cevap bulmaya çalışırlar. Onların kuşaktan kuşağa devam etmiş olmaları gerçeği, bizim bunlar için tatmin edici cevabı hâlâ alamadığımızı gösteriyor.

Doğayı ve evreni etüt ederken, bizi kuşatan her şeyin kesin ve amaçlı olan kanunlara göre varlık ve fonksiyon gösterdiğini keşfederiz. Yine de, Yaratılışın zirvesi olan kendimizi incelediğimiz zaman, insanlığın görünüşte bu mantık kuralları sisteminin dışında var olduğunu buluruz.

Örneğin, doğanın ne kadar akıllı şekilde vücutlarımızı yarattığını ve vücudumuzun her hücresinin ne kadar kesin ve amaçlı fonksiyon gösterdiğini gözlemlediğimizde şu soruya cevap vermeye yetersiz kalıyoruz: "Bütün organizma neden var olmuştur?"

Bizi saran her şey sebep sonuç bağlantılarının etkisi altındadır. Hiçbir şey amaçsız yaratılmamıştır, fiziksel dünya hareket, dönüşüm ve dolaşımın kesin kanunlarınca idare edilir. Ayrıca asıl soru – "Neden bütün bunlar var olmaktadır? (sadece biz değil tüm evren)" — da cevapsız kalmaktadır.

Bu dünyada en azından bir kez bile bu sorunun dokunmadığı biri var mıdır?

Var olan bilimsel teoriler, dünyanın değişmeyen, bizim de etkileyemeyeceğimiz fiziksel kanunlar tarafından idare edildiğini iddia ederler. Bizim tek görevimiz onları akıllıca kullanarak iyi yaşamak ve dünyayı gelecek kuşaklara hazırlamaktır. Ancak iyi yaşamak, gelecek kuşakların neden yaşayacaklarını ya da neden var olmaları gerektiğiyle ilgili soruyu çözmez.

İnsanın orijini sorusu - yani onun ilkel türlerden evrim yoluyla mı geldiği ya da dünya dışından ziyaret ve yerleşimle mi meydana geldiği - esas soruları değiştirmez. Her insanın hayatında birincil önemde iki tarih vardır, bunlar doğum ve ölümdür. Bunlar arasında olanlar eşsizdir ve bu nedenle de paha biçilmezdirler. Sonunda karanlık ve boşluk varsa, bu da anlamsız gelebilir.

Akıllı, her şeyi bilen, tutarlı, amaçsız hiç bir şey yapmayan doğamız nerededir? Her atom ve insan organizmasındaki her hücrenin kendi sebep ve sonucu vardır; fakat tüm organizmanın amacı nedir? Belki de bizim henüz keşfetmediğimiz bazı amaç ve kanunlar vardır.

Biz bazı şeyleri kendimizinkinden daha düşük evrim seviyesinde araştırabiliriz. Biz cansız, bitkisel ve hayvansal varlığın anlamını algılayabilir ve anlayabiliriz. Ancak biz insan varlığının anlamını kavrayamayız. Açıkçası, bu anlayış sadece daha yüksek bir varlık seviyesinde elde edilebilir.

Bizim dünyayı incelememiz, onun üzerindeki etkimize dünyanın nasıl tepki verdiği ile özetlenmektedir. Biz bunu sadece kendi seviyemizde inceleyebiliriz, bunun ötesine geçemeyiz.

Kendi seviyemizde incelediğimizde bile, dünyaya bazı etkiler uygular ve etkiye olan tepkiyi ölçerek çalışırız. Biz dünya üzerindeki etkimizi beş duyumuzla algılarız: bunlar görme, işitme, koku alma, tat alma ve dokunmadır. Bunun dışında, bizim sınırlı duyularımızın hassasiyet aralığını genişleten araçları kullanabiliriz.

Maalesef biz duyularımızın algılayıp inceleyebildiğinin ötesinde hiç bir şeyin farkına varamayız. Sanki algıladığımızın dışında mevcudiyet yok gibidir. Varmış gibi görünen her şey sadece hissettiklerimizde yaşar ve farklı duyulara sahip bir varlık aynı şeyleri tamamen farklı şekilde yaşar.

Bununla birlikte, biz duyu organlarımızda bir eksiklik hissetmeyiz, mesela elimizde altıncı parmağın eksikliği gibi. Doğuştan kör olan birine gözle görmenin anlamını açıklamanın imkânsız olduğu gibi, biz de bugün uyguladığımız araştırma metotlarıyla doğanın saklı formlarını keşfetmede başarısız olacağız.

Kabala'ya göre bizim duyu organlarımızca algılanamayan manevi bir dünya vardır. Bu manevi dünyanın merkezinde çok küçük bir kısım vardır; evrenimiz ve gezegenimiz yani bu evrenin kalbi. Bilgi, düşünce ve duyguların bu küresi bizi, maddesel doğanın ve olayların kanunlarıyla etkiler. Aynı zamanda bizi eylemde bulunacağımız belli koşullar altına sokar.

Bizler nerede, ne zaman, kiminle, ne tür özellikler ve eğilimlerle doğacağımızı seçmiyoruz. Kiminle karşılaşacağımızı, ne tür bir çevrede yetişeceğimizi seçmiyoruz. Bu etkenler, bizim hareket ve reaksiyonlarımızı tayin ettiği kadar bunların sonuçlarını da belirler. Öyleyse, özgür irademiz nerede?

Kabala'ya göre edineceğimiz dört çeşit bilgi vardır;

Yaratılış: Yaratılışın ve dünyaların evriminin incelenmesi, yani:

— Yaradan'ın, bir birini takip eden kısıtlamalar yoluyla, içine yaşamaları için varlıkları yerleştirdiği dünyaların yaratılışı;

— Manevi ve fiziksel dünyalar arasındaki etkileşim kanunları ve bunların sonuçları;

— İnsanın yaratılışının amacı; ruh ve bedeni birleştirip, bunları ışık ve karanlık güçlerin karşılıklı iki dengelenmiş sistemi ile birlikte doğa ve görünen şans etkeni aracılığıyla kontrol ederek, özgür iradenin varlığı illüzyonu ile bir sistem oluşturmaktır.

Fonksiyon: İnsanın özünün incelenmesi ve bunun manevi dünya ile bağlantısı ve etkileşimi.

Bunlar, kişinin bu dünyaya gelişi ve bu dünyadan ayrılışıyla ilgili konulardır. Aynı zamanda, daha Üst Dünyaların, insanoğlunun eylemlerinin sebebi olan dünyamıza ve diğer insanlara karşı etkilerini de kapsar. Dünyanın yaratılışından son amacın elde edilişine dek herkesin bireysel yolunu inceler.

Ruhun reenkarnasyonu: Bu hayattaki eylemlerimiz ve bunların müteakip hayatlarımızdaki sonuçlarıyla birlikte, her ruhun özünün ve reenkarnasyonlarının incelenmesidir. Reenkarnasyonlar ve ruhun neden bir vücuda indiğiyle ilgili çalışmalar ve belli bir ruhun belli bir vücuda kabulünü neyin belirlediğini inceler.

Ruhun reenkarnasyonları, ayrıca şansın esrarı ve ruhların belli sıra ve dönüşümlerinin sonucu olarak insanoğlunun tarihini araştırır. Aynı zamanda, bu yolu 6000 yıl boyunca izler ve ruhun genel yönetim sistemi ile bağlantısını ve onun yaşam ve ölüm döngüsünü inceler. Bunun yanı sıra, dünyadaki yolumuzun hangi etkenlere bağlı olduğunu da açıklar.

Doğa Kanunlarının Yönetimi: Dünyamızın incelenmesidir: doğanın cansız, bitkisel ve hayvansal seviyeleri, onların özü, rolü ve manevi dünya tarafından nasıl yönetildikleridir. Üst Yönetimi ve bizim doğa, zaman ve evren algımızı çalışır. Fiziksel bedenleri hareket ettiren daha Üst Güçleri ve kişinin içsel güçlerinin canlı ve cansız her şeyi nasıl önceden belirlenmiş amaca doğru ittiğini araştırır.

Kişi, hayatın kaynağı sorusuna dokunmadan insan hayatının temel bilmecesini çözebilir mi? Her insan bu soru ile karşılaşır. Amacın ve varlığın anlamını araştırmak, insan türünün manevi hayatının etrafındaki temel sorudur. Dolayısıyla, 20. yüzyılın ikinci yarısından başlayarak insan türünün manevi arzularının yeniden canlanışını görüyoruz.

Değişik felsefelerin ortaya çıkmasına sebep olan teknik ilerleme ve dünya çapındaki felaketler insanlığa manevi doyum getirmemiştir. Kabala'nın açıkladığı gibi, var olan tüm hazların içinden dünyamız sadece küçük bir kıvılcım aldı – bunun dünyevi nesnelerdeki yansıması ise bize tüm dünyevi hazları sağlayan şeydir.

Diğer bir deyişle, kaynağı ne olursa olsun bizim tüm güzel hislerimiz, onların içindeki bu kıvılcımın varlığından kaynaklanır. Yaşamımız boyunca, git gide daha da büyüyen zevkler alma umuduyla yeni nesnelerin arayışına zorlandığımız bir durum içine konuluruz; biz bunların aldatmacadan başka bir şey olmadığından hiç şüphelenmeyiz.

Mutlak doyumu alabilmek için madde üstü manevi bir yükselişe ihtiyaç duyduğumuz gerçeğini kabul etmeliyiz. Dünyamızda bu amacı elde etmek için iki yol vardır; birisi manevi yükseliş yolu olan Kabala ve diğeri de acı ve ıstırap çekilen yoldur.

Kabala'nın yolu, egoizmi aşamalı olarak sona erdirme ihtiyacını bağımsız ve irade ile kavrama yoludur. Bu, Üst Işığın egoizmin kötü olarak algılanmasını sağlamasıyla olur.

Bazen insanlar bu algıya hiç umulmadık şekilde gelirler. Laik, kendini bilen, sakin bir insan aniden had safhada bir memnuniyetsizlik hissetmeye başlar; her türlü heyecan kıvılcımı, neşe, hayattan tat almak ve zevk kişinin günlük hayatından yok oluverir.

Bizim kuşağımızın durumu, fiziksel bolluğun manevi açlık hissine yol açtığı durumdur. Sık sık uzun ve dikenli bir yol seçerek başka doyum kaynaklarını aramaya başlarız. Özgür irade, manevi yükseliş yolu ve acı yolu arasında var olmaktadır. Kişi sadece, insanların geçmişte defalarca üzerinde yürüdüğümüz aynı ıstırap yolunda yürümelerindense onların "hayatı seçmelerini" isteyebilir.

BÖLÜM 1: KABALA'DA ALGILAMA METODU

Kabala, mutlak kanunlara göre üst bir amaca doğru birleşen, manevi kaynaklar arasındaki sebep ve sonuç bağlantısını öğretir: Bu dünyada yaşayan varlıkların Yaradan'ı edinmesi.

Kabala'ya göre tüm insanlık ve her birey, Yaratılışın amacı ve programını tamamen edinerek son noktaya ulaşmalıdır. Kuşaklar boyunca, insanlar bireysel çalışma ile belli bir manevi seviye elde etmişlerdir. "Kabalistler" denilen bu kişiler manevi merdivenin en üst seviyesine tırmanmışlardır.

En küçükten en büyüğe her fiziksel nesne ve bunun hareketi, tüm evrenimizi dolduran manevi güçler tarafından yönetilmektedir. Sanki evrenimiz bir güçler ağının üzerinde duruyor gibidir.

Örneğin, görevi yalnızca türünü yeniden üretip, devamlılığını sağlamak olan en küçük canlı organizmayı ele alın. İçinde kaç adet güç ve karmaşık sistemin işlediğini düşünün ve bunların kaç tanesinin insan gözüyle tespit edilememiş olduğunu. Bu sistemleri, bugün yaşayan organizmaların ve daha önce evrenimizde ve manevi dünyalarda yaşamış olanların sayısıyla çarparsak, o zaman güçlerin ve onları kontrol eden bağlantıların muazzam sayısı hakkında belli belirsiz bir fikrimiz olur.

Kişi, manevi güçleri iki bir birine bağlı ve eşit sistemler olarak kafasında resmedebilir. Bunların arasındaki fark şudur: Biri Yaradan'dan gelip yukarıdan aşağıya tüm dünyalardan geçerek bizim dünyamıza doğru gelişir. Diğeri dünyamızda başlar ve ilk sistemde geliştirilen kanunlara göre yükselir ve şimdi ikincisinde işlev görür.

Kabala, ilk sistemi "Dünyaların yaratılış sırası ve *Sefirot*" olarak ve ikinciyi de "Manevi seviyeler veya edinimler" olarak tanımlar. İkinci sistem nihai dereceyi elde etmek isteyen insanların

Kabala'da çalışılan yasalar olan, birinci sistemin yasalarını izlemeleri gerektiğini öğretir. Kişi bu derecelerde yükseldiği zaman ikinci faktör onun içinde doğar. Bu da maneviyattır.

Fiziksel dünya, küçük çocukların bile isimleri ve hareketlerinin sonuçlarına aşina oldukları elektrik, manyetizma gibi doğrudan hissetmediğimiz olgu ve güçler ile doludur. Örneğin elektrik bilgimiz sınırlı olsa da, biz bu fenomeni amaçlarımız için kullanmayı ve onu ekmek ve şekere isim verdiğimiz gibi gayet doğal olarak tanımlamayı öğrendik.

Benzer şekilde, Kabala'daki tüm isimler bize manevi bir nesne hakkında gerçek ve objektif bir fikir verir. Bir ikincil düşünce ise, manevi nesneler veya hatta Yaradan'ın Kendisi hakkında hiçbir fikrimiz olmadığı gibi, kendi ellerimizle tutabildiğimiz herhangi bir nesne hakkında bile aynı ölçüde bilgisiz olduğumuzdur. Bunun sebebi nesnenin kendisini değil onun bizim duyularımıza olan etkisine tepkimizi algılamamızdır.

Bu tepkiler, nesnenin özü bizden tamamen gizlenmiş kalsa da bilginin benzerliğini verir. Dahası, biz kendimizi bile tamamen anlayamıyoruz. Kendimiz hakkında tüm bildiğimiz eylemlerimiz ve tepkilerimizle sınırlıdır.

Dünyayı araştırmanın bir aracı olan bilim ikiye ayrılır: Maddenin özelliklerinin incelenmesi ve onun doğasının incelenmesi. Diğer bir deyişle, evrende madde ve şekilden oluşmayan hiç bir şey yoktur. Örneğin, bir masa maddenin ve şeklin bileşimidir. Örneğin; masa, madde ve şeklin kombinasyonudur; madde odundur ve şekli taşıyan kaynaktır. Bir başka örnek; "yalancı" kelimesini alın, madde (kişinin bedeni), yalancılık şeklinin taşıyıcısıdır.

Maddeleri inceleyen bir bilim, bilimsel sonuçlara yol açan testler-deneyler üzerine kuruludur. Ancak, maddeye bakmaksızın maddenin doğasını inceleyen ve bunları soyut olarak ayıran bir bilim deneyler üzerine kurulamaz. Bu durum, maddeye hiçbir şekilde bağlı olmayan şekiller için daha da doğrudur, çünkü dünyamızda maddesiz bir şekil mevcut değildir.

Bir şekil, maddeden sadece kişinin hayalinde ayrılabilir. Dolayısıyla, böyle durumlardaki tüm sonuçlar sadece teorik varsayımlar üzerine dayandırılabilir. Felsefenin tamamı bu tür bir bilimden bahseder ve insanlık sık sık filozofların kanıtlanmamış yargılarından acı çekmiştir. En modern bilim adamları bu tür araştırmaları reddetmişlerdir, çünkü sonuçları tamamen güvenilmezdir.

Manevi dünyayı incelerken, algılarımızın, kendimizi Yaradan'ın bir parçası değil de ayrı mevcudiyeti olan bir varlık gibi hissetmemizi isteyen ve Yukarıdan verilen bir arzudan başka bir şey olmadığını keşfederiz. Bizi kuşatan tüm dünya, aslında manevi güçlerin üzerimizdeki etkisinin sonucudur. Bu nedenle bizi kuşatan bu dünyadan, illüzyonlar dünyası olarak bahsedilir.

Ne demek istediğimi bir öyküyle açıklayayım;

"Bir zamanlar bir arabacı yaşardı. Bir çift atı, bir evi ve ailesi vardı. Aniden kötü bir şans dalgasına kapıldı: atları öldü, karısı ve çocukları da öldü ve evi yıkıldı. Kısa sürede arabacı kederden öldü. Göksel mahkemede bu acı çekmiş ruha ne verilebileceği tartışıldı. Sonunda; yeniden hayattaymış gibi, ailesiyle evinde, iyi atlara sahip ve işi ve hayatıyla mutluymuş gibi *hissetmesine* izin verilmesi kararlaştırıldı."

Bu hissiyatlar, bazen bir rüyanın gerçekmiş gibi göründüğü şeklinde algılanır. Aslında, bizi saran dünyanın resimlerini sadece bizim hislerimiz yaratır. Öyleyse, illüzyonu gerçekten nasıl ayırabiliriz?

Tüm bilimlerde olduğu gibi, Kabala da madde ve maddenin doğasını incelemek olarak ikiye ayrılmıştır. Buna rağmen, Kabala'nın diğer bilimler üzerinde belirgin bir özelliği ve yanı vardır: Maddenin doğasının, maddenin kendisinden soyutlanmasını inceleyen kısmı bile tamamen deneysel kontrol üzerine kurulmuştur, yani deneysel teste tabidir!

Bir Kabalist, çalışılan nesnenin manevi seviyesine yükseldiği zaman, o nesnenin niteliklerini yani tam içsel görüşü edinir. Bu kişi, aslında maddenin çeşitli formlarını henüz maddede belirmeden, sanki illüzyonlarımızı bir kenardan gözlemliyormuş gibi, etkileyebilir!

Tıpkı diğer öğretilerde olduğu gibi, Kabala da nesne ve eylemleri tanımlamak için belli terminoloji ve semboller kullanır: Manevi güç, dünya veya bir *Sefira (Sefirot*'un tekil hali), kontrol ettiği dünyevi nesnenin ismi ile adlandırılır.

Her fiziksel nesne veya güç, onu kontrol eden manevi nesne veya gücün karşılığı olduğundan, fiziksel dünyadan alınan isim ve bunun kökü, kaynağı, arasında katıksız kesin bir uyum vardır.

Bu nedenle, sadece manevi güçler ve fiziksel nesneler arasındaki benzerliği açıkça bilen bir Kabalist manevi nesnelere isimler tayin edebilir. Sadece nesnenin manevi seviyesini edinmiş bir kişi, bunun dünyamızdaki etkisinin sonucunu görebilir.

Kabalistler, "dalların dilini" kullanarak kitap yazar ve başkalarına bilgilerini aktarırlar. Bu dil olağanüstü doğrudur çünkü manevi kök ile fiziksel dal arasındaki bağlantı üzerine kurulmuştur. Nesne ve nesnenin manevi kökü arasındaki sabit bağdan dolayı da değiştirilemez. Aynı zamanda, dünyevi dilimiz aşamalı olarak doğruluğunu kaybediyor çünkü köke değil sadece dala bağlıdır.

Ancak, dilin yalnız sözde bilgisi yetersizdir, çünkü fiziksel nesnenin sadece ismini bilmek onun manevi formunu anlamayı sağlamaz. Sadece manevi formun bilgisi, kişinin, onun dalı olan fiziksel sonucu görmesini sağlayabilir.

Öyleyse, öncelikle manevi kökü, bu kökün doğasını ve özelliklerini edinmemiz gerektiği sonucunu çıkarabiliriz. Ancak o zaman kişi, ismi bu dünyadaki dala geçirebilir ve manevi kök ile fiziksel dal arasındaki iç bağlantıyı inceleyebilir. Sadece o zaman kişi, "dalların dilini" anlayabilir, dolayısıyla manevi bilginin mükemmel değiş tokuşunun kolaylaştırır.

Şöyle bir soru sorabiliriz, "Eğer kişi önce manevi kökü edinmeliyse, yeni başlayan biri, öğretmenini doğru anlamazsa bu bilime nasıl hâkim olacak?". Bu sorunun cevabı şudur: Öğrenci, maneviyata yönelik büyük bir arzu ile doğru yolu bulur ve Üst Dünyanın hissiyatını edinir. Bu, sadece orijinal kaynakları çalışarak ve tüm fiziksel alışkanlıklardan da vazgeçerek yapılır.

BÖLÜM 2: KABALA'NIN AMACI

Kabalistler, Yaratılışın amacının yaratılan varlıklara zevk ve memnuniyet getirmek olduğunu savunurlar. Zevk alma arzusu (kap veya ruh), arzunun yoğunluğuna göre haz alır.

İşte bu nedenle tüm dünyalarda yaratılanların hepsi sadece değişen bir alma arzusudur ve Yaradan bu arzuyu doyurur. Bu alma arzusu, evvelce var olanı ve gelecekte ortaya çıkacak olanı da kapsayan, hem manevi hem de fiziksel Yaratılışın özüdür.

Maddenin çeşitli görünümleri (mineraller, bitkiler, insanlar, renkler, sesler vb.) sadece haz alma arzusunun farklı ölçüleridir. Yaradan'dan yayılan Işık maddeyi yaşamsal kılar ve onu doldurur. Başlangıçta, hem kap denilen haz alma arzusu, hem de Işık denilen haz verme arzusu büyüklük olarak birbirleriyle uyum içindeydiler. Yani, kap (haz alma arzusu) maksimum hazzı alıyordu.

Ancak, arzu azaldıkça, hem kap hem de onu dolduran Işık aşamalı olarak küçüldüler ve sonunda haz alma arzusunun maddeselleştiği en düşük seviyeye gelene dek Yaradan'dan uzaklaştılar.

Üst Dünya ile bizim dünyamız arasındaki tek fark, bizim dünyamızda kabın (haz alma arzusu) "maddesel beden" denilen en düşük seviyesinde var olmasıdır.

En son haliyle maddeselleşmeden önce kap, on *Sefirot*'a (seviyeler) bölünen dört aşamadan geçer: *Keter, Hohma, Bina, Hesed, Gevura, Tiferet, Netzah, Hod, Yesod* ve *Malhut*. Bu *Sefirot*, Yaradan'ın yaratılan varlıklara yönelttiği Işığı filtreler oluşturarak engellerler.

Bu filtrelerin görevi, dünyamızda var olan varlıkların Işığı algılayabilecekleri bir boyuta kadar zayıflatmaktır.

Sefira *Keter*'e aynı zamanda "*Adam Kadmon* dünyası" denilir; Sefira *Hohma*'ya "*Atsilut* dünyası"; Sefira *Bina*'ya "*Beria* dünyası"; Sefira *Hesed*'den *Yesod*'a "*Yetsira* dünyası"; Sefira *Malhut*'a "*Asiya* dünyası" denir. Dünyaların son seviyesi evrenimizi oluşturur. (Şekil 1'e bakın)

Keter:	Taç	**AdamKadmon**
Hohma:	Erdemlik	**Atsilut**
Bina:	Zekâ, Akıl	**Beria**
Hesed:	Merhamet	
Gevura:	Cesaret	
Tiferet:	İhtişam	**Yetzira**
Netzah:	Ebediyet	
Hod:	Şan	
Yesod:	Temeller	
Üst Malhut:	Üst Krallık	Asiya
Alt Malkut:	Alt Krallık	**Bizim Evrenimiz**

Şekil 1

Kabala bu seviyeye "*Olam ha Zeh*" (bu dünya) der. *Olam ha Zeh*, içinde var olanlar tarafından algılanır ve kap veya zevk alma arzusuna "beden" denir. "Haz" denilen Işık ise, hayat gücü olarak algılanır.

Bedeni dolduran Işık, onun kaynağını hissetmeyeceğimiz şekilde azaltılmış olsa da; Kabala'da tanımlanan ve Yaradan tarafından verilen bazı kuralları yerine getirerek, kendimizi egoizmden arındırabilir ve aşamalı olarak tüm dünyalardan geçerek Kaynağa geri yükselebiliriz.

Daha yüksek manevi seviyeleri edindikçe, Işık'tan daha büyük oranlarda alırız ta ki Yaratılışın varoluşundan itibaren kaderimize yazılmış olan tüm Işığı (kayıtsız sonsuz haz) alana dek.

Her ruh manevi Işık tarafından kuşatılmıştır. Kabala'ya yeni başlayanlar bu gerçek kaynaklardan ne çalıştıklarını anlamasalar bile, güçlü anlama arzusu onları saran Yüksek Gücü uyandırır ve bu Yüksek Gücün etkileri onları arındırıp, yükseltir.

Bu hayatta olmasa bile, bir sonrakinde, her birey Kabala çalışma ve Yaradan hakkında bilgi alma ihtiyacını hissedecek.

Işık, insanın ruhunu, kişi manevi seviyeyi edinip Işık ona nüfuz etmeye başlayana dek, dışarıdan sarar. Işığı içeri almak sadece kişinin arzusuna ve hazırlığına ve ruhunun arılığına bağlıdır.

Buna rağmen, kişi çalışmaları sırasında *Sefirot*'un, dünyaların ve kişinin ruhuyla bağlantılı manevi eylemlerin adlarını söyler. Dolayısıyla, ruh dışarıdan mikro dozlarda Işık alır; yavaş yavaş ruhu arındıran ve manevi enerji ve haz almaya hazırlayan bir Işık.

BÖLÜM 3: KABALA'NIN VERİLİŞİ

Büyük bilge Rav Akiva, (Milattan Sonra 1.yüzyıl) şöyle dedi: "Komşunu kendin gibi sevmek, tüm manevi yasaların en geniş kapsamlı kuralıdır."

Bildiğimiz gibi, "geniş kapsamlı" kelimesi bir şeyin öğelerinin toplamına dikkat çeker. Dolayısıyla, Rav Akiva komşu sevgisinden (birçok manevi yasadan biri), topluma karşı ve hatta Yaradan'a karşı görevlerimizden geniş kapsamlı yasa olarak bahsederken, tüm diğer yasaların bu kuralın sadece öğeleri olduğunu ima eder.

Ancak, biz buna bir açıklama bulmaya çalıştığımızda, bilge Hilal tarafından söylenmiş daha da alışılmamış bir ifade ile karşılaşıyoruz. Öğrencilerinden biri ona Kabala ilminin tamamını öğretmesini istediğinde, Hilal tek ayaküstünde durarak şöyle cevap verdi: "Kendine yapılmasını istemediğini başkalarına yapma!"

Hilal'in cevabı bize tüm gayeyi öğretiyor, gerçekten de Kabala'nın varlığının sebebi, tek bir yasayı aydınlatıp, onu yerine getirmektir: "Komşunu kendin gibi sev." Peki, bir başkasını nasıl kendim gibi sevebilirim? Başkalarını kendim gibi sevmek, daha ben kendi arzularımı yerine getiremezken tüm o insanların bütün arzularını devamlı olarak yerine getirmeyi gerektirir! Dahası, bilgelerimiz başkalarının arzularını kendimizinkinden *önce* karşılamamız gerektiğini açıklarlar.

Örneğin, şöyle yazılmıştır *(Tosfot, Masehet Kiduşin)*, eğer sadece bir yastığın varsa, onu dostuna vermelisin, veya bir sandalyen varsa, başkası onu almalı ve sen ya ayakta kalmalı ya da yere oturmalısın. Aksi takdirde, komşunu sevme öğretisini yerine getirmemiş olursun. Peki, bu makul bir talep midir? "Komşunu kendin gibi sev", Kabala'nın geniş kapsamlı bir yasası olduğuna göre, önce Kabala'nın ne olduğunu öğrenelim.

Kabala, dünyanın ve bizim yani dünyanın üzerinde yaşayanların, insanlığın fiziksel dünyamızın ötesinde manevi gelişimini amaçlayan yasaların gerçekleştirilmesi için yaratıldığını öğretir. Ancak bu yolla, Yaradan'la benzerlik ve bütünlük edinebiliriz.

Peki, Yaradan bizi neden bu kadar bozuk yaratıp, düzelmemiz için de bize Kabala'yı vermeye gerek duydu? *Zohar Kitabı* bunu şöyle açıklar: "Bir başkasının ekmeğini yiyen, onu verenin gözlerine bakmaya utanır."

Dolayısıyla, dünya bizi bu utançtan kurtarmak için yaratıldı. Kendi egoizmimizle ve onu düzeltmekle uğraşarak gelecekteki dünyamızı kazanacağız.

Bunu açıklamak için şöyle bir durumu hayal edelim: Zengin bir adam uzun süredir görmediği fakir bir arkadaşına rastlar. Onu evine getirir ve gün be gün yiyecek, içecek ve giysiler verir. Bir gün, zengin adam arkadaşını memnun etmek için daha ne yapabileceğini sorar. Fakir adamın cevabı şöyledir: "Sadece tek bir şey isterim: Bana verdiğin her şeyi merhametinden değil, emeğimin karşılığı olarak almak. Bu hariç tüm arzularımı yerine getirebilirsin!"

Verenin, alanı nasıl utançtan kurtaramadığını görüyoruz. Tam tersine, fakir adam ne kadar çok iyilik alırsa utancı o kadar büyük olacak. Evren, bizim küçük dünyamız ve tüm insan topluluğu (bizim çalışma alanımız) bizi bu histen kurtarmak için yaratıldılar. İşimiz Yaradan'a düzeltilmiş arzularla dönmek ve iyi kazanılmış bir ödül almaktır; ebediyetin devasa hazzı, mükemmellik ve Yaradan'la birleşmek.

Fakat neden birinden bir şey aldığımız zaman mahcup olup, utanıyoruz? Bilim adamları sebep sonuç yasasını bilirler. Şöyle der; her sonuç özellik olarak sebebine veya kaynağına yakındır ve kaynakta etkili olan tüm yasalar onun sonucuna da geçer.

Bu yasanın etkisi doğanın tüm seviyelerinde görülür: cansız, bitkisel, hayvansal ve insan. Herhangi bir mineralin durumu bile onu kontrol eden yasalarca belirlenir.

Büyürken yaşadıklarımıza alışığız ve tercih de ediyoruz. Aynı şekilde, bütünün sonucunu oluşturan her parçacık köküne çekilir ve kökte eksik olan hiçbir şey sevilmez ve sonucu tarafından reddedilir.

Benzer şekilde, doğanın Yaradan'ı, Kök ve tüm varlıkların Kaynağı olduğuna göre, O'nun içinde var olan tüm yasaları hoş ve O'nun içinde eksik olan her şeyi de tamamıyla ters ve sevimsiz olarak algılarız. Mesela, dinlenmeyi sevip hareketten öyle hoşlanmayız ki sadece dinlenmeye ulaşma amacıyla hareket ederiz. Bunun sebebi, hepimizin kaynaklandığı Kök'ün (Yaradan'ın) kesinlikle hareketsiz olmasıdır. Dolayısıyla, her tür hareket doğamıza terstir.

Tamamıyla sadece kendini düşünen egoistler olarak doğduk ve öyle de büyüyoruz. Egoist yapımız bizi, tüm doğayı yaşamsal yapan Yaradan'a zıt yapar. Ancak, her ne kadar ölçüsü ve yönü toplumun gelişmişlik seviyesine bağlı olsa da, toplumun etkisinde kalmaya başladığımızda an karşılıklı yardımlaşma ihtiyacını anlamaya başlarız.

Yaradan, kötü arzuyu yaratarak ve bize Kabala'yı bunu dengeleyici bir unsur olarak vererek, bizim egoizmi ortaya çıkarmaktan kurtulup utanma hissiyatı olmadan haz almamızı sağladı.

Kabala'da iki tür yasa vardır; başka insanlarla ilgili olanlar ve Yaradan'la ilgili olanlar. Ancak her ikisi de bizi Yaradan'a benzer yapmak için tasarlanmışlardır. Yaradan'ın uğruna mı yoksa başka insanlar için mi hareket ettiğimiz bizim için tamamıyla önemsizdir. Çünkü kişisel ilgimizin sınırlarını aşan her şey tamamen algılanamaz olarak kalır.

Başkası için yaptığımız her hareket, sonunda, kendi çıkarımız içindir. Biraz da olsa bir fayda elde etmek için önceden planlanmış bir niyeti olmayan herhangi bir fiziksel veya zihinsel hareket yapmak kesinlikle mümkün değildir. Doğanın bu kanunu "mutlak egoizm" olarak bilinir. Kişi, sadece manevi yasaları yerine getirerek başkalarını sevme özgecil durumunu başarabilir.

Kabala kurallarını izlemeyenlerin "mutlak egoizm" sınırlarını aşma yolu yoktur.

Kabala'ya göre, sosyal ilişkileri düzenleyen yasalar, Yaradan'la ilişkiyi düzenleyen yasalardan daha önemlidir. Çünkü ancak değişen sosyal koşullar altında bu yasaları izlediğimiz zaman kendimizi, sonuca götüren ve doğru yönde düzeltebiliriz.

Şimdi Hilal'in öğrencisine cevabını anlayabiliyoruz: Asıl olan komşunuzu sevmektir, gerisi sadece ikincil yasalardır, hatta Yaradan'la ilişkilerimize ait olanlar bile. Aslında, kişi başkalarına karşı sevgiyi edinmeden O'nunla birleşemez. Dolayısıyla, antik çağ bilgesi "komşunu sev" ilkesi ile Kabala'yı öğrenmenin en kolay ve hızlı yoluna işaret etmiştir.

Şimdi, her üyesinin sevgiyle ve hiçbir şekilde ayırım yapmadan, toplumun her bir üyesine yardım etmek ve her ihtiyacını karşılamak istediği milyonlarca nüfusu olan bir millet hayal edin. Açıkçası, o toplumun hiçbir üyesinin kendini düşünmesi veya gelecekten korkması gerekmez. Gerçekten de, milyonlarca seven insan sürekli o toplumun her bir üyesinin çıkarlarını korur ve ilgilenirdi.

Bununla beraber, bu sorumluluğa uymamak toplumun içinde bir vakum yaratır ve toplumda bir kişi yardımsız kalır. Bu şekilde bozguncuların sayısı ne kadar çok olursa, toplumun her bir üyesinin uyması gereken kuralların daha da çoğu ihlal edilecektir. Herkes yasalara uymakta ve bozmakta bir birinden sorumludur.

Başka bir antik çağ bilgesi olan Raşbi'nin oğlu (Rav Şimon Bar-Yoha, *Zohar*'ın yazarı) Elazar'ın, bizim için daha büyük bir sürprizi var. Şöyle der, "Sadece her millet değil tüm insanlık, her yaşayan varlık, bir birinden sorumludur." Elazar, tüm milletlerin bu kuralı uygulaması gerektiğini belirtir ve bunu yaparak tüm dünya düzelecektir. Her birey evrenin bu kapsamlı yasasını kucaklamadan dünya tamamen düzeltilip yükseltilemez.

BÖLÜM 4: MÜKEMMELLİK VE DÜNYA

Önceden bildiğimiz gibi, Yaradan'ın yasasının özü, kendin için olduğu kadar toplumun tüm üyelerine de sevgide, maksimum özende ve şefkatte yatar. Bakalım, Yaradan'ın yasasını sadece inançla mı kabul ediyoruz yoksa bazı pratik deneylere de mi ihtiyacımız var.

Okuyucuların boş felsefeden hoşlanmadığımı anlayacaklarını umuyorum. Çünkü, genelde tüm yapı oluşturuluyor ve bunlardan yanlış sonuçlar üzerine kurulu, tamamen asılsız sonuçlar çıkartılıyor. Bizim kuşağımız bu şekilde uygulamaya konulmuş birçok felsefeyi gördü. Temel teorik varsayımların yanlış olduğu kanıtlandığında ise tüm teori çöker ve milyonlarca insanı acı içinde bırakabilir.

Dünyayı ve dünyanın yasalarını uygulamayla elde edilmiş verileri temel alıp çalışarak Yaradan'ın yasasını yerine getirmeyi arzulayabilir miyiz? Doğada var olan sırayı gözlemlediğimizde, hem mikro hem de makro seviyede yönetiminin kesinliğiyle çarpılıyoruz. Mesela, bize en yakın olan varlıkları, insanları ele alalım. Babadan gelen bir hücre annenin içinde hazırlanmış güvenli bir yere ulaşır ve bu dünyaya çıkana dek gelişimi için gerekli her şeyi oradan alır. Ayrı bir organizma olarak varlığına başlayana dek ona hiçbir şey zarar veremez.

Ortaya çıktığında ise, doğa, ebeveynlere çocuğa sevgi ve ilgilerinde mutlak güveni verecek gerekli hisleri dikkatli bir şekilde uyandırır. İnsanlar, hayvanlar ve bitkiler gibi çoğalırlar ve sonra yavrularının gelişimleriyle ilgilenirler.

Ancak, doğanın, doğum ve türünün ilk bağımsız gelişimini sağlama yolu ile daha sonraki hayatta kalma mücadelesi arasında dramatik bir çelişki vardır. Dünyanın nasıl yönetildiğiyle ilgili hayatın her seviyesinde var olan bu çarpıcı tezatlık, antik çağlardan beri insan aklını büyülemiş ve bazı teoriler doğurmuştur:

Evrim teorisi: Bu teori yukarıda bahsedilen çelişkiyi açıklamaya gerek duymaz. Yaradan dünyayı ve her şeyin üzerindeki kuralları yarattı. O hissetmez, düşünemez ve türleri fiziksel yasalarla uyum içinde yaratmıştır. Yaratılan türler evrimle yani hayatta kalmanın sert yasalarıyla uyum içinde gelişirler. Bu teori Yaradan'dan "doğa" olarak bahsederek onun hissizliğini vurgular.

İkilik Teorisi: Doğanın çarpıcı bilgeliği insan türünün yeteneğini oldukça aştığından, gelecek organizmaları geri bildirimsiz icat etmek veya onları önceden bilmek mümkün değildir. Vericinin (doğa) akıl, hafıza ve hislere de sahip olması gerekiyor. Gerçekten de, kimse doğanın her seviyesinin başlı başına şans eseri idare edildiğini söyleyemez.

Bu teori, pozitif ve negatif iki gücün var olduğu sonucuna gelir ve iki güç de akıl ve hislere sahiptir. Dolayısıyla, bu güçler yarattıkları her şeye bu yetileri bahşetmeye muktedirler. Bu teorinin gelişimi birkaç farklı teorinin yaratılmasına yol açtı.

Çok tanrıcılık: Doğanın eylemlerinin analizi ve güçlerinin özelliklerine göre ayrılması, her biri belli bir güç tarafından idare edilen tanrılar topluluğunu kapsayan dinleri ortaya çıkardı (eski Yunan'da olduğu gibi).

İdarenin yokluğu: Kusursuz araçların ve yeni yöntemlerin ortaya çıkmasıyla, araştırmalar son zamanlarda dünyanın tüm parçaları arasında sıkı bir bağ keşfetti. Dolayısıyla, güçlerin çokluğu hakkındaki teori çürütülmüş ve bilge, birleşmiş bir güç olduğu konusundaki varsayım ile yer değiştirmişti. Ancak, bu gücün büyüklüğü ile insanlığın önemsizliği karşılaştırıldığında, bizler başıboş bırakıldık.

Ne yazık ki, dünyanın yaratılışı ve yönetimiyle ilgili sayısız teoriye rağmen insanlık acı çekmeye devam ediyor. Doğanın neden ana rahminde ve erken çocukluk döneminde bu kadar şefkatli olup da, yetişkinlikte, görünüşte onun yardımına daha çok ihtiyacımız varken, bu kadar merhametsiz olduğu anlaşılır değildir. Şöyle bir soru gelir akla: doğanın dünyaya karşı acımasızlığının sebebi biz değil miyiz?

Doğanın tüm eylemleri bir birine bağlıdır; dolayısıyla onun yasalarından bir tanesini çiğnemekle tüm sistemin dengesini bozarız. Doğadan kalpsiz, amaçsız rehber veya bir planı olan Yaradan, amaç veya bilgelik diye bahsetmemizin hiçbir önemi yoktur. Belli kanunları olan bir dünyada varız ve onları çiğnediğimizde, bozulmuş bir çevre, toplum ve kendi bozukluğumuzla cezalandırılırız. Bunun yanı sıra, doğanın kanunları bir birine bağlı olduğundan, bunlardan birine uymamak başka bir yönden hiç beklenmedik sert bir darbe yememize sebep olabilir.

Doğa veya Yaradan (aslında ikisi de aynıdır), bizim maksatlı veya zorunlu olarak nitelendirdiğimiz ve bu yüzden uyduğumuz bazı yasalar aracılığıyla bize etki eder. Doğanın kanunlarını anlamak zorundayız, çünkü onlara uymayı başaramamak tüm acılarımızın sebebidir.

İnsanların sosyal varlıklar oldukları bilinen bir gerçektir. Toplumda başkalarının yardımı olmadan hayatta kalamayız. Dolayısıyla, aniden kendini toplumdan uzaklaştırmaya karar veren kişi acı içinde bir hayata maruz kalır çünkü ihtiyaçlarını tek başına karşılayamaz.

Doğa bizi benzerlerimiz arasında yaşamaya mecbur kılar ve onlarla iletişim kurarak iki işi gerçekleştiririz: Toplumdan ihtiyacımız olan her şeyi almak ve topluma çalışmamızın ürününü vermek. İkisinden birini ihlal etmek toplumun dengesini bozar ve böylece toplum tarafından cezalandırma hak edilir.

Aşırı alma durumunda (çalma gibi) ise toplumun cezası hızlı gelir. Kişi topluma hizmet etmeyi reddederse, kural olarak, ceza hiçbir şekilde gelmez veya günahla doğrudan ilişkili değildir. Bu nedenle, kişiyi topluma hizmet etmeye zorlayan koşullar genellikle göz ardı edilir. Bununla beraber, doğa tarafsız bir yargıç gibi hareket eder ve gelişimine göre insanlığı cezalandırır.

Kabala, dünyadaki nesillerin devamının sadece protein temelli bedenlerin meydana çıkması ve yok olması olduğunu iddia eder, "Ben" i tamamlayan ruh ise yok olmadan taşıyıcısını değiştirir. Sınırlı sayıdaki ruhların sürekli deveranı, dünyamıza inişi ve bedenlerde ortaya çıkmaları bize yeni insan nesilleri sağlar. Dolayısıyla, ruhlardan bahsederken, en baştan en sonuna dek tüm nesiller tek bir nesil olarak dikkate alınırlar. Ruhun çeşitli bedenlere sayısız kez girip çıkmasının hiçbir önemi yoktur. Bir kıyas yapacak olursak, bedenin ölümünün ruh üzerinde kesinlikle hiçbir etkisi yoktur, kesilmiş saçın veya tırnağın bedenin hayatında hiçbir etkisi olmadığı gibi.

Yaradan, dünyaları yaratıp bize vererek önümüze bir hedef koydu: O'nun seviyesine ulaşmak ve inşa ettiği dünyaları tırmanarak O'nunla bütünleşmek. Soru, insanlığın O'nun arzusunu yerine getirmeye mecbur hissedip hissetmeyeceğidir?

Kabala, Yaradan'ın bizim üzerimizdeki kontrolünün tam ve kapalı resmini açığa çıkartır. Dolayısıyla, isteyerek veya da acıyla mahmuzlanarak, bu yaşam sürecinde veya bir sonrakinde, fiziksel, sosyal ve ekonomik etkenler aracılığıyla her birimiz ve tüm insanlık Yaratılışın amacını kendi yaşamımızın gayesi olarak kabul etmek zorunda kalacağız.

Sonunda, tümümüz tek bir amacı edineceğiz. Tek fark yolda yatıyor: Amaca doğru isteyerek ve bilinçli ilerleyen bir kişi iki kat kazanır: Zaman kazanır ve acı çekmek yerine Yaradan ile bütünleşmenin verdiği hazzı yaşar.

Durumun vahameti şu ki, insanlık henüz önünde yatan felaketleri hayal bile edemiyor. Amaç ortaya konulmuştur ve evrenin yasaları değişmezdir. Günlük kişisel acılar ve düzenli küresel felaketler her birimizin Yaradan'ın yasasına uyma – egoizmi ve kıskançlığı yıkmak ve onun yerine şefkat, karşılıklı yardımlaşma ve sevgiyi geliştirme – ihtiyacını gözler önüne seriyor.

BÖLÜM 5: İRADENİN ÖZGÜRLÜĞÜ

Özgürlük kavramı bizim tüm hayatımızı belirler. Esir edilen hayvanlar genellikle kötü bir hastalık geliştirirler ve hatta ölebilirler. Bu, doğanın her türlü boyun eğdirmeye karşı olduğunun açık bir işaretidir. İnsanlığın asırlarca belli ölçüde özgürlük elde etmek için kan dökmesi ve savaşlar yapması tesadüf değildir.

Buna rağmen, özgürlük ve bağımsızlık hakkında son derece belirsiz bir fikrimiz vardır. Herkesin özgürlük ve bağımsızlık için içsel bir ihtiyacı olduğunu ve bunu istediğimiz an elde edebileceğimizi sanırız. Ancak, eylemlerimizi dikkatlice incelersek, zorlanarak hareket ettiğimizi ve hiçbir şekilde özgür irademiz olmadığını keşfederiz.

Böyle bir ifade açıklama gerektiriyor: İnsana dışarıdan iki dizgin rehberlik eder; haz ve keder ("mutluluk" ve "acı çekme" olarak da tanımlanır).

Hayvanların özgür seçimi yoktur. İnsan türünün hayvanlara avantajı şudur: Eğer sonunda hazzın kendilerini beklediğine inanırlarsa acıya katlanmayı sürekli tercih ederler. Bu yüzden, hasta bir kişi sağlığını düzelteceğine inandığından ıstıraplı bir ameliyata razı olur.

Ancak, bu seçenek kişinin mevcut acıyı gelecekteki hazla kıyaslamasının sadece pragmatik bir hesabıdır. Diğer bir deyişle, bu hesaplama, gelecek hazdan acı miktarının çıkartıldığı basit bir matematiksel işlemdir ve fark sonucu belirler. Eğer gerçekleşen haz beklenilenden daha az ise o zaman kişi memnuniyet hissetmek yerine acı çeker. Zevkin cazibesinin gücü ve acıdan geri çekilme insanları, hayvanları ve hatta bitkileri kontrol eden tek güçtür. Her koşul ve yaşam seviyesindeki tüm yaşayan varlıklar bu şekilde idare edilirler, dolayısıyla, bu anlamda aralarında bir fark yoktur çünkü özgür irade akla bağlı değil.

Dahası, hazzın türünün seçimi bile zorakidir ve kişinin özgür seçimine bağlı değildir. Bunun yerine, seçimlerimiz kişinin özgür iradesi değil toplumun norm ve beğenisi tarafından belirlenir. Bundan, eylem özgürlüğü olan bağımsız bir birey gibi şeylerin olmadığı sonucu çıkar.

Üst Yönetime inanan insanlar eylemleri için bir sonraki dünyada ödül veya ceza beklerler. Ateistler ise bunu bu dünyada beklerler. İnsanlar eylemlerinden dolayı ödül veya ceza bekledikleri için özgür seçimlerinin olduğunu sanıyorlar.

Bu olgunun kökü, doğayı bir bütün olarak ve özellikle her bireyi etkileyen sebep sonuç yasasında yatar. Diğer bir deyişle, Yaratılışın tüm dört türü – cansız, bitkisel, hayvansal ve insan – sürekli olarak neden-sonuç ve amaç yasası tarafından etkilenir. Bunların gelecekte gerçekleşecek olan her koşulu, kendi seçtikleri önceden belirlenmiş amaca göre dış sebeplerin etkisiyle belirlenmiştir.

Dünyadaki her nesne sürekli gelişir. Bu, her nesnenin sürekli bir önceki formunu bıraktığını ve dört faktörün etkisiyle yenilerini edindiğini gösterir:

1. Köken

2. Kendi doğasından kaynaklanan evrim; dolayısıyla değişmezdir.

3. Dış faktörlerin etkisiyle değişen evrim

4. Dış faktörlerin değişim ve evrimi

İlk faktör, kök veya ilk maddedir yani bir önceki formu. Her nesne sürekli form değiştirdiğine göre, her bir önceki form bir sonrakine göre "ilk" diye adlandırılır. İçsel özellikler tamamen köke bağlıdır, bir sonraki formu belirler ve ana faktörü, bireysel bilgisini, gen veya özelliğini oluşturur.

İkinci faktör, nesnenin köküne bağlı sebep-sonuç gelişiminin sırasıdır. Bu sıra değişmez. Buna bir örnek, toprağın altında çürüyen tahıl tanesidir, çürür ve sonuç olarak yeni bir filiz meydana getirir. Buğday tanesi orijinal formunu kaybeder, yani tamamen yok olur ve yeni bir başlangıç formu oluşturacak, aynı orijindeki bir tahıl tanesi gibi, yeni bir filiz formu edinir. Sadece tahıl tanelerinin sayısı ve muhtemelen nitelikleri (yani büyüklük ve tadı) değişebilir. Başka bir deyişle, kişi, her şeyin nesnenin orijinine bağlı olduğu sebep-sonuç sıralamasını gözlemleyebilir.

Üçüncü faktör: Dış güçlerle temastan sonra özelliklerini değiştiren ilk maddenin sebep-sonuç bağlantısıdır. Sonuç olarak, tahılın miktar ve niteliği, ilk maddenin niteliklerini tamamlıyor görünen ek faktörlerden dolayı (toprak, su, güneş) değişir.

Kaynağın güçleri ek faktörlere üstün geldiğinden, değişiklikler tahılın niteliğini değiştirebilir ancak türün kendisini değil, mesela buğday tanesini arpa tanesine çevirmek gibi. Diğer bir deyişle, ikinci faktör gibi üçüncü faktör de nesnenin içsel faktörüdür fakat ikincisinden farklı olarak niteliksel ve niceliksel olarak değişebilir.

Dördüncü faktör: Dışarıdan tesir eden güçlerin arasındaki mesela şans, doğanın unsurları ve komşular gibi, sebep-sonuç bağlantısıdır. Çoğunlukla, bu dört faktör birlikte her bir nesneyi etkiler.

İlk faktör (kaynak) bizim için önemlidir çünkü ebeveynlerimizin yarattıklarıyız. Onların ürünleri olarak, bir bakıma onların kopyalarıyız; yani ebeveynlerin ve büyük ebeveynlerin hemen hemen tüm özellikleri kendini çocuklarında ortaya çıkar. Atalar tarafından edinilen olgu ve bilgi bilinçsiz bir seviyede bile olsa, torunlarda alışkanlık ve nitelikler olarak ortaya çıkar. Kalıtımın gizli güçleri torunların hareketlerinin tamamını etkiler ve nesilden nesle geçerler.

Bu, insanlarda gözlemlenebilen çeşitli eğilimlere sebep olur: inanç, eleştirme, maddesel rahatlık, pintilik, veya tevazu gibi. Bunların hiç biri edinilen özellik değil, daha ziyade çocukların beyinlerine yakın ve uzak atalardan kaydedilmiş kalıtımsal özelliklerdir.

Otomatik olarak atalarımızın kazanılmış özelliklerini miras olarak aldığımızdan, bu nitelikler toprakta formunu kaybeden bir tahıla benzer. Ancak, bizim aldığımız bazı özellikler içimizde zıt bir şekilde ortaya çıkar. Çünkü ilk madde, dış formu olmayan güçlerde ortaya çıkar, bu madde hem pozitif hem de negatif özellikler taşıyabilir.

Diğer üç faktör de bizi etkiler. Sebeplerin sırası ve onların kişinin orijininden gelen sonuçları (ikinci faktör) değişmez. Tahıl tanesi çevrenin etkisi altında çürür ve yeni bir tane meydana gelene dek yavaş yavaş formunu değiştirir. Diğer bir deyişle, ilk faktör ilk maddenin formunu alır; önceki bitki ile yeni filiz arasındaki fark sadece miktar ve nitelikte görünür.

Bu dünyaya geldiğinde, kişi kendi isteğine karşın çevresinin etkisi altındadır ve toplumun yapısı ve özelliklerini alır. Dolayısıyla, kişinin kalıtsal eğilimleri toplumun etkisi altında değişir.

Üçüncü etken çevrenin etkisinden kaynaklanır. Her birimiz bazen zevklerimizin ve görüşlerimizin çevrenin etkisi altında değiştiğini biliyoruz. Doğanın cansız, bitkisel ve hayvansal seviyelerinde buna benzer şeyler ortaya çıkmaz; bu sadece insanlarda olabilir.

Dördüncü etken, ilk maddenin gelişiminin ardışık sırasıyla hiçbir ilgisi olmayan, negatif dış etkenlerin (sorunlar ve endişe) doğrudan ve dolaylı etkisidir.

Tüm düşüncelerimiz ve hareketlerimiz bu dört faktöre bağlıdır ve bütün hayatımızı belirlerler. Aynı çömlekçinin elindeki kil gibi, biz de bu dört faktörün etkisi altındayız. Dolayısıyla, görüyoruz ki arzunun özgürlüğü yok, her şey tamamıyla bu dört faktörün bir biriyle etkileşimine bağlı ve hiçbir kontrolümüz olamaz. Hiçbir bilimsel teori maneviyatın maddeyi içten nasıl idare ettiğine veya nerede ve neyin beden ile ruhu bir araya getirdiğine cevap veremez.

Kabala, tüm dünyalarda herhangi bir zamanda yaratılmış olan her şeyin sadece Işık'tan ve onun doldurduğu kaptan oluştuğunu söyler. Yaratılan tek şey, Yaradan'dan doğrudan gelen Işığı almak isteyen kaptır. Kaba hayat ve zevk getiren Işığı alma isteği, kişinin arzusunun yoğunluğuna bağlı olarak hem manevi hem de fiziksel bir maddedir.

Yaratılmış olan tüm varlıklardaki doğa, nitelik ve miktardaki farklılıklar yalnızca arzunun derecesinde yatar ki, bu da aynı ölçüde hayat veren Yaradan'dan gelen Işıkla doldurulur.

Bir nesneyi diğerinden ayıran ve renk, öz, dalgalar ve diğer farklılaştıran etkenler, alma arzusunun kapasitesinin sonucudur, dolayısıyla da onu dolduran Işığın miktarının. Başka bir deyişle, belli bir büyüklükteki arzu mineralin formunu verir; farklı büyüklükteki arzular sıvı, renk, veya dalgaları oluşturur. Bizi ve dünyaları saran Işık eşit ve değişmez olmasına rağmen, her şey arzu terazisinin pozisyonuna bağlıdır.

Şimdi bireyin özgürlüğü sorusuna açıklık getirebiliriz. Kişinin, Yaradan'ın Işığından belli bir miktar alma arzusundan oluştuğunu zaten anladığımıza göre, bu arzuya alışılmamış gelen tüm özellikler tamamen arzunun yoğunluğuna, Işığın çekim gücüne bağlıdır.

Genellikle "ego" dediğimiz çekim gücü, hayatta kalabilmemiz için bizi mücadeleye zorlar. Eğer egonun arzularından veya isteklerinden birini yok edersek, onun potansiyel kabını kullanma fırsatına, Yaradan'ca verilmiş doyum hakkına engel oluruz.

Tüm fikirlerimizi çevrenin etkisi aracılığıyla ediniriz, zira bir tahıl tanesi sadece toprakta, ona uygun çevrede yetişir. Dolayısıyla, hayattaki tek seçimimiz toplumun seçimidir, arkadaş çevresi. Çevremizi değiştirerek, ister istemez bakış açımızı değiştiririz, çünkü kişi yalnızca toplumun bir kopyası, bir ürünüdür.

Bunu fark eden insanlar, irade özgürlüğünün olmadığı sonucuna varırlar çünkü kişi toplumun ürünüdür ve kişinin düşüncesi, bedenini yönetmez. Daha ziyade, dışsal bilgi beynin hafızasında saklanır ve beyin sadece bir ayna gibi, çevrede meydana gelen her şeyi yansıtır.

Başlangıcımız bizim temel, ilk maddemizdir. İsteklerimizi ve eğilimlerimizi kalıtımla elde ederiz ve bu kalıtım bir kişiyi diğerinden ayıran tek özelliktir. Herkes toplum tarafından farklı etkilenir; bu yüzden asla iki benzer kişi bulamayız.

Bu ilk maddenin kişinin gerçek serveti olduğunu bilmelisiniz ve kişi bunu değiştirmeye çalışmamalı, çünkü kişi benzersiz özelliklerini geliştirerek kişilik olur.

Dolayısıyla, kişi tek bir dürtü veya istekten kurtulsa, bu bile dünyada bir boşluk yaratır; bu dürtü veya istek başka hiçbir bedende asla tekrarlanmayacaktır. Bundan, "gelişmiş milletler"in kendi kültürlerini diğer milletlere zorlamakla ve onların temellerini yıkmak ile ne tür bir suç işlediklerini görebiliyoruz.

Peki, toplumda tam bir kişisel özgürlük sağlamak mümkün mü? Açıkçası, normal fonksiyon gösterebilmesi için toplumun kişilere kanunlarını, kısıtlamalarını ve normlarını zorla kabul ettirmesi gerekiyor. Bunu, kişinin toplumla sürekli mücadele içinde olması izler. Burada daha keskin bir nokta ortaya çıkıyor: Eğer çoğunluğun toplumun kurallarını belirleme hakkı var ise ve kitleler, toplumdaki en gelişmiş kişilerden her zaman daha az gelişmişlerse bu, ilerleme yerine gerileme yaratır.

Eğer toplum, kurallarını manevi yasalara göre oluştururursa, bunları yerine getirenler kişisel olarak Yaradan'la birleşme fırsatını kaçırmazlar. Bunun sebebi bu yasaların dünya ve toplumun yönetimi için doğal yasalar olmasıdır. Eğer bir toplum manevi doğanın yasaları ile zıt kendi yasalarını yaratırsa, manevi yasaları benimseyenler maksimum gelişim sağlarlar.

Amaçlı yönetime göre, doğanın yasalarını benimsemeliyiz ki kişiler ve toplum doğru yönde gelişsin. Kabala, tüm kararlarımızı toplumun düşüncelerine göre verdiğimizi öğretir. Kabala, günlük hayatta çoğunluğun düşüncelerini ve manevi gelişimde ise gelişmiş bireylerin düşüncelerini izlememiz gerektiğini gösterir.

Bu yasaya "doğal yönetim yasası" denir. Kabala ilminin tüm kural ve yasaları, doğanın yönetiminin yasalarından oluşur. Kabala aracılığıyla Yukarıdan aşağıya dünyamızı etkileyen yasaların bir birleri arasındaki bağları incelerken, toplumu etkileyen çoğunluğun yasalarının aslında doğal olan şey olduğu açıkça görülür hale gelir.

BÖLÜM 6: KABALA'NIN ÖZÜ VE AMACI

- Kabala'nın özü nedir?

- Kabala'nın amacı bu dünyadaki hayatı mı yoksa gelecektekini mi hedefliyor?

- Kabala'dan Yaradan mı yoksa O'nun yarattıkları mı fayda sağlıyor?

Yaradan'ı edinen Kabalistler O'nun kesinlikle sevecen olduğunu hissederler. O'nun dünyadaki herhangi birine en ufak bir acı bile veremeyeceğini açıklarlar çünkü egoizm, kendi için zevk alma, her nahoş hissin sebebi O'nda mevcut değildir.

Kendi isteğimizi tatmin etmek için bir şey istemek tek amaç olduğundan başkalarına zarar veririz. Eğer bu duygu insanı sürekli sarmasaydı, bu dünyada kötülüğün temeli olmazdı. Yaradan'ı tamamen mükemmel ve bütün olarak algıladığımızdan, O'ndaki "alma" arzusunun eksikliği, O'nda herhangi bir kötülüğün olmaması sonucunu doğurur.

Eğer durum böyleyse, o zaman O bize tamamen sevecen görünür, bu hepimizi zevk, haz ve doyum anlarında saran bir histir. Ancak, hissettiğimiz her şey Yaradan'dan geldiğinden, O'nun tüm yarattıkları sadece iyilik ve sevecenlik hissetmeli... Peki, bunun yerine ne hissediyoruz?

Tüm doğa dört seviyeden oluşur: cansız, bitkisel, canlı (hayvansal) ve insan. Her seviye amaçlı bir gelişimden geçer: yavaş, aşamalı, sebep sonuç gelişimli. Bu, bir ağaçta yetişen ve sadece olgunlaşmasının sonunda çekici ve yenilebilir hale gelen bir meyveye benzer.

Peki, meyve başlangıçtan büyümesinin sonuna dek kaç ara safhadan geçmiştir? Ara safhalar meyvenin olgun ve tatlı son durumuyla ilgili hiçbir şey açığa vurmaz. Daha ziyade tam tersi olur: Meyve sonunda ne kadar iyi ise, yetişirken de o kadar acı ve serttir.

Aynısı hayvansal dünyada da olur: Bir hayvanın akıl kapasitesi olgunluk ile sınırlıdır, ancak büyürken, bir çocukla karşılaştırıldığında, sınırları önemsizdir. Mesela, bir günlük bir buzağı tam olarak büyümüş bir öküzün özelliklerine sahiptir. Dolayısıyla, hemen hemen büyümesi durur ki, bu da onu hayatın başlangıcında zekâ edinen ancak ilk yıllarda tamamen yardıma muhtaç ve acınacak halde olan insana zıt yapar.

Fark o kadar çarpıcıdır ki, yeni doğmuş bir buzağıya ve yeni doğmuş bir bebeğe baktığımızda, dünyamızın yöntemlerine aşina olmayan biri, bir bebekten emeğe değer bir şey gelmeyeceği buna rağmen bir buzağının en azından yeni bir Napolyon olarak büyüyeceği sonucuna varır.

Kural olarak, ara safhalar nihai sonucun zıttıdır. Dolayısıyla, sadece nihai sonucu bilen biri nesnenin gelişimi sırasındaki nahoş durumu anlayıp kabul eder. Bu sebepten dolayı, insanlar nihai sonucu görmeyi başaramayıp yanlış sonuçlara varırlar.

Aslında, Yaradan'ın dünyamızı yönetim şekli amaçlıdır ve sadece gelişimin sonunda kendini gösterir. O'nun bize karşı tutumunda, Yaradan'a kötülüğün zerresi olmayan "kesinlikle iyi" prensipleri rehberlik eder ve O'nun yönetiminin amacı bizim aşamalı gelişimimizde ifade bulur. Sonuç olarak, bizim için hazırlanmış olan tüm iyiliği alma yetisini kazanacağız. Elbette, bu amaç O'nun planına uygun olarak başarılacak.

Bizim için doğru yönde iki gelişim yolu hazırlanmıştır:

- Bizi ondan kaçmaya zorlayan acı yolu. Hedefi görmüyoruz ve acıdan kaçmaya zorlanıyoruz. Bu yola "bilinçsiz gelişim" veya "ıstırabın yolu" denir.

- Arzulanan sonucun hızlı edinimini kolaylaştıran Kabala metodunu izleyerek bilinçli, acısız ve süratli manevi gelişim yolu.

Kabala metodunu kullanan tüm gelişim yasalarının amacı içimizdeki iyi ve kötüyü anlamak ve kötülüğü anlamayı geliştirmektir. Manevi yasaları benimseyerek kendimizi tüm kötülükten kurtarabiliriz. Bunun sebebi, kişinin gelişimindeki farkın, kötülüğün ya daha derin ya da daha yüzeysel farkındalık ve ondan kurtulmak için daha güçlü veya daha az arzu yaratmasıdır.

Tüm kötülüğün kaynağı egoizmdir çünkü bize sadece iyilik ihsan etmek isteyen Yaradan'ın doğasına zıttır. Memnuniyet verici olarak algıladığımız her şey bireysel olarak O'ndan geldiği için Yaradan'a yakınlık haz olarak ve O'ndan uzaklığın derecesi aynı oranda acı olarak algılanır.

Yaradan egoizmden nefret ettiği için gelişimlerinin boyutuna göre insanlar da egoizmden nefret ederler. Egoizme karşı yaklaşımlar çok geniş menzillidir; manevi olarak gelişmemiş onu sınırsızca kullanan (hırsızlıktan açıkça cinayet işlemeye kadar) bir insanın egoizmini normal kabul etmekten, daha gelişmiş bir kişinin egoizmi açıkça göstermekten utanç duymasına ve manevi olarak gelişmiş bir bireyin egoizme karşı gerçek tiksintisine kadar.

Dolayısıyla, başlangıçtaki sorulara cevapların aşağıdaki gibi olduğunu görüyoruz:

- Kabala'nın özü, kişinin acı çekmeden ve pozitif bir yolla gelişimin nihai seviyesini edinmesini mümkün kılar.

- Kabala'nın amacı, kişinin bu dünyada kendi üzerinde yaptığı manevi çalışmaya bağlı olarak nihai seviyeyi edinmektir.

- Kabala, yaratılan varlıklara onların iyiliği için değil, şahsi mükemmellik için bir direktif olarak verilmiştir.

BÖLÜM 7: ZOHAR'A SONSÖZ'DEN

Kabala, manevi yasaların doğru ve tutarlı yerine getirilmesinin Yaradan'a tutunmaya götüreceğini anlatır. Peki, "tutunma" kelimesi ne demektir? Aslında, zaman sınırlamasından, üç boyutlu mekândan ve bedensel arzulardan dolayı düşüncelerimiz Yaradan'ı kavrayamıyor. Dolayısıyla, düşüncelerimiz bu sınırlarla bağlı olduğu sürece tarafsız olamayız.

Egolarımızın üstünden geldikçe, alma arzusu ve zaman, yer ve hareket mefhumları değişir. Bunlar manevi bir boyut kazanırlar. Bu durumda, alma arzumuzu kontrol ederiz ve onun tarafından yönetilmeyiz. Dolayısıyla, düşüncelerimiz alma arzumuza bağlı değildir ve bu yüzden de tarafsızdır.

Sonuç olarak, Kabala, O'na yakınlaşma aracı olarak, Yaradan'la özelliklerin ve eylemlerin eşitliğini edinmeyi sunar. Şöyle der: O'nun eylemleriyle birleşin; O'nun kadar sevecen, şefkatli ve alçakgönüllü olun. Fakat insan nasıl Yaradan'ın eylemleri ile O'nun Kendisinin aynı olduğundan emin olabilir? Dahası, neden O'nun eylemlerini taklit ederek O'nunla bütünleşmeliyim?

Maddesel dünyada, birleşmeyi veya tutunmayı, bedenler arasındaki mesafeyi kısaltmak ve ayrılığı da bir birimizden uzaklaşmak olarak düşünürüz. Ancak, manevi dünya zaman, yer ve hareket mefhumlarından yoksundur. Bu nedenle iki manevi nesnenin özelliklerinin denkliği onları bir birine yakınlaştırır ve özelliklerin farklılığı bir birinden uzaklaştırır. (Fiziksel yerdeki tutunma ve birleşmeye karşıt olarak) tutunma veya ayrılma olamaz çünkü manevi nesne yer kaplamaz.

Tıpkı, bir baltanın fiziksel bir nesneyi böldüğü gibi, manevi nesnede yeni bir özelliğin ortaya çıkması onu iki parçaya böler. Yani, eğer özellikler arasındaki fark önemsiz ise, o zaman manevi nesneler bir birine yakındır. Onların özellikleri arasındaki fark ne kadar belirgin ise bir birlerinden o kadar uzaktırlar. Eğer bir birlerini severlerse, manevi olarak "yakındırlar" ve fiziksel kabukları arasındaki mesafe önemsizdir. Onların aralarındaki ilişki manevi benzerlikleri ile belirlenir.

Biri, bir başkası tarafından sevilmeyen bir şeyi seviyorsa, onların arasındaki mesafe görüşleri ve duyguları arasındaki farka bağlıdır. Eğer biri diğerinin nefret ettiği her şeyi seviyorsa onlar tamamen zıttırlar.

Öyleyse, görüyoruz ki manevi dünyada (arzuların dünyası), amaçlar, arzular, düşünceler ve özelliklerdeki benzerlik veya farklar maneviyatı parçalara bölerek bir baltanın işlevini görürler. Manevi nesnelerin arasındaki mesafe, onların duyuları ve özellikleri arasındaki uyumsuzluğun boyutuyla belirlenir.

Dolayısıyla, Yaradan'ın arzusunu, hislerini ve düşüncelerini izleyerek O'na yaklaşabiliriz. Yaradan sadece O'nun yarattığı varlıkları için eylemde bulunduğundan, biz de dostlarımızın iyiliğini istemeli ve onların hepsine karşı iyi olmalıyız. Fiziksel dünyada var olduğumuzdan bedenin yaşaması için gereken minimum, egoizmin göstergesi değildir.

Mutlak özgecillik ile başkalarına iyilik yapabilir miyiz? Nihayetinde, Yaradan bizi haz alma arzusuna sahip mutlak egoistler olarak yarattı. Bir birimize iyi davranarak bile doğamızı değiştiremeyiz, bilinçli veya bilinçsiz kendimiz için fayda sağlamaya çalışırız. Menfaat görmeden bir başkası için ufacık bir hareket bile yapamayız.

Gerçekten de insanlar mutlak egoizm olan doğalarını, bırakın tam zıttı olan bir şeye çevirmeyi (karşılığında itibar, dinlenme, ün, sağlık, veya para almadan iyi olmak), değiştirmekte bile güçsüzdürler. Bu yüzden Kabala aracılığıyla manevi yasaların benimsenmesi verilmiştir. Doğamızı değiştirmenin başka yolu yoktur.

Beden ve organları tek bir bütün oluştururlar ve sürekli duygu ve bilgi alışverişinde bulunurlar. Örneğin, eğer beden bir parçasının bütün bedenin genel durumunu iyileştirebileceğini hissederse, bu belli parça bunu hemen hisseder ve bu isteği yerine getirir. Bir parça acı çekiyorsa da bunu bütün beden anında bilir ve durumu iyileştirmeye çalışır.

Bu örnekten kişi insanın durumunu veya daha ziyade Yaradan'la birlik edinen ruhun durumunu anlayabilir. Bedenle giyinmeden önce ruh, Yaradan'la görünüşte bir bütündür. Ancak, bedenle giyinir giyinmez, Yaradan'la bedenin özelliklerinin farklılığından dolayı, O'ndan tamamen ayrılır.

Bunun anlamı şudur; ruha egoizm hissini vermekle Yaradan Kendi dışında bir şey yarattı, çünkü farklı arzular manevi dünyadaki nesneleri ayırır. Dolayısıyla, nesne (ruh) ve egoizm (beden) ayrı parçalar haline gelirler. Benzer şekilde, bedenden kesilmiş bir organ gibi, insan Yaradan'dan ayrıdır. Bir birlerinden o kadar uzaktırlar ki insan Yaradan'ı hiçbir şekilde hissetmez. Gerçekten de, mesafe o kadar büyük ki insan O'nu bilemez, sadece O'na inanabilir.

Dolayısıyla, eğer özelliklerimizi O'nunkine eşitleyerek birlik edinirsek (yani, manevi yasaları benimseyip bizi Yaradan'dan ayıran egoizmi özgecilliğe dönüştürerek), O'nun düşüncelerini ve arzularını ediniriz. Hem de Kabala'nın gizemlerini, Yaradan'ın düşüncelerini evrenin sırlarıymış gibi ifşa ederiz!

Kabala ikiye ayrılır: ifşa olmuş ve gizlenmiş. Her ikisi de Yaradan'ın düşüncelerinden oluşur. Kabala, egoizm denizinde boğulan bir insana yukarıdan atılmış bir halat gibidir. Manevi yasaları benimseyerek kişi ikincisi için hazırlanır yani, esas aşama olan benimseyen ile zorlayanın manevi olarak birleşmesi.

Manevi kuralları benimseyenler beş seviyeden geçerler: *Nefeş, Ruah, Neşama, Hayâ* ve *Yehida*. Her seviye beş alt seviyeden meydana gelir ki bunlar da sonra beş ek alt seviyeye bölünür. Tamamı, manevi yükseliş merdiveni veya Yaradan'a yakınlık, 125 basamaktan oluşur. Bu merdivenin 5 ana basamağına "dünyalar" denir. Bunların *Sefirot*'tan oluşan alt seviyelerine *Partsufim* denir.

Belli bir manevi dünyada var olan her şey o dünyadaki nesneleri ve alt dünyalardakileri algılar. Ancak, bir üst dünyadan herhangi bir şeyi ne hayal edebilir ne de hissedebilir. Dolayısıyla, 125 seviyenin birine ulaşan bir kişi orada geçmiş, mevcut ve gelecek nesillerden var olan tüm ruhları edinir ve orada onlarla kalır. Sadece bizim dünyamızda var olan bizler ise diğer seviyelerde veya dünyalarda var olan hiçbir şeyi, onların sakinleri de dâhil olmak üzere, ne hayal edebiliyor ne de hissedebiliyoruz.

Yaradan'a doğru yollarında belli bir seviyeye ulaşan Kabalistler bulundukları seviyeyi sadece o seviyeyi edinmiş insanların anlayabileceği ifadelerle tanımlarlar. Bahsedilen seviyeyi edinmemiş kişilerin bu tanımlardan dolayı kafaları karışabilir ve doğru kavramaktan uzaklaşabilirler.

Yukarıda dediğimiz gibi Yaradan'a yolumuz 125 seviyeye/dereceye bölünmüştür, ancak kişi ıslahını tamamlamadan önce bunların hepsine yükselemez. Tüm nesiller ile son, tamamen ıslah olmuş nesil arasında iki belirgin fark vardır:

1. Sadece son nesilde tüm 125 seviyeyi edinmek mümkün olacak.

2. Geçmiş nesillerde sadece birkaç insan diğer dünyaları edinebildi. Son nesilde, herkes manevi seviyelerden yükselip Yaradan'la bütünleşebilecek.

"Son nesil" terimi 1995'ten sonraki tüm nesillerden söz eder, çünkü *Zohar Kitabı*'na göre, bu zamandan itibaren insanlık, Son Islah denilen yeni bir safhaya girdi. Kabala'da bu döneme, insanlığın en alt koşuldan çıkacağının belirlendiği "kurtuluş zamanı" denir.

Raşbi ve onun öğrencileri tüm 125 seviyeyi çıktılar. Bu nedenle dünyaların tüm 125 seviyesini içeren *Zohar Kitabı*'nı yazabildiler. Dolayısıyla Zohar'da, kitabın sadece "günlerin sonunda" ifşa edileceğini söyler, yani ıslahın sonunun arifesinde. Diğer nesiller ıslahın sonuna ulaşamadılar. Dolayısıyla, bu kitabı anlayamadılar çünkü *Zohar Kitabı*'nın yazıldığı tüm 125 seviyenin üstesinden gelemediler. Bizim neslimizde hepimiz 125. seviyeye ulaşabiliriz; o zaman hepimiz *Zohar Kitabı*'nı anlayabiliriz.

Çağdaş bir Kabalist'in *Zohar Kitabı*'nı tamamıyla yorumlamayı başarması gerçeği, son neslin eşiğinde olduğumuzun ve herkesin *Zohar Kitabı*'nı anlayabileceğinin işaretidir. Gerçekten de, bizim zamanımızdan önce *Zohar Kitabı* üzerine tek bir tefsir bile ortaya çıkmadı. Bugün, Baal HaSulam tarafından yazılmış, *Zohar Kitabı* üzerine açık ve tam *Sulam* tefsiri mevcuttur, tam da son nesilde olması gerektiği gibi.

Ancak, manevi eylemlerin fiziksel eylemler gibi ortaya çıkmadığını anlamalıyız: Yani, sebep ve sonuç hemen bir birini izlemez. Bizim zamanımızda, dünyaların manevi durumu Mesih'in (Yaratılışı egoizmden çıkarıp özgeciliğe götüren güç) gelişi için hazırdır. Ancak bu sadece bize edinim için bir fırsat verir, asıl edinim ise bize ve manevi seviyelerimize bağlıdır.

Yaradan'la kendi özelliklerimizi, arzularımızı ve hedeflerimizi O'nunkiler ile eşdeğer hale getirerek, egoizmi tamamen yok edip özgecil olarak iyi şeyler yaparak birleşebiliriz. Ancak bir soru ortaya çıkar: Tam bir egoist (kişisel fayda sağlamayan hiçbir manevi veya fiziksel hareketi yapamayan kişi) başkaları için yaşama güç ve motivasyonunu nereden bulacak?

Bu sorunun cevabı hayattan bir örnekle kolaylıkla anlaşılabilir:

Sizin gözünüzde önemli olan, sevdiğiniz ve saygı duyduğunuz birine tüm kalbinizle hediye vermek istediğiniz bir durumu hayal edin. Farz edin bu kişi hediyenizi kabul etmeye, veya evinize yemeğe gelmeye razı oldu.

Para harcamanıza ve önemli misafiri iyi ağırlamak için çok çalışmanıza rağmen, siz değil de sanki misafiriniz sizin iyiliğinizi kabul etmeyi onaylayarak size verip, eğlendiriyor, lütufta bulunuyormuş gibi zevk alırsınız. Dolayısıyla, eğer Yaradan'ı saygı duyduğumuz biri gibi hayal edebilirsek O'nu seve seve memnun ederiz.

Evrenin yasalarını sadece Yaradan'ın yüceliğini edinirsek gözlemleyebiliriz. O zaman, O'nun uğruna çalışıp ihtişamını anladığımızda, sanki O'ndan alıyormuş gibi oluruz. Ancak, düşünceler toplumun ve sosyal çevrenin etkisine bağlı olduğundan, toplumun övdüğü her şey bireyin gözünde de yükselmiş olur. Dolayısıyla, en önemli olan şey mümkün olduğunca Yaradan'ı yücelten kişilerin arasında olmaktır.

Eğer çevremiz Yaradan'ı layık olduğu seviyeye çıkartmıyorsa bizim maneviyatı edinmemize izin vermeyecektir. Bir öğrenci, tüm öğrencilerin içinde kendisini en önemsiz olarak görmelidir. Bu yolla, öğrenci toplumun görüşlerini kendine katabilir, bu durumda, öğrenci toplumun görüşlerini önemli sayar. Bu nedenle herkesçe bilinen gerçek; "Kendine bir dost satın al" ortaya çıkar. Gerçekten de ne kadar çok insan düşünceleri ile beni etkilerse, Yaradan'ı hissetmek adına egoizmimi ıslah etmek için kendi üzerimde o kadar çok sabırla çalışmam mümkün olur.

Her kişinin Kökünü yani ruhunun kaynağını, edinmesi gerektiği söylenir. Başka bir deyişle, son hedef Yaradan'la tamamen birleşmek olmalı. Yaradan'ın özelliklerinden *Sefirot* diye bahsedilir. Bu nedenle, *Sefirot*'u ve onların eylemlerini çalışırken, bu özellikleri öğreniyor, onlarla kaynaşıyor, Yaradan'ın aklı ile birleşiyor ve Yaradan'la bir oluyor gibiyizdir. Kabala'nın önemi, onu çalıştıkça dünyaların nasıl yaratıldığını ve yönetildiğini öğrenmemiz gerçeğinden kaynaklanır. Yaradan'ın eylemlerini ve özelliklerini çalıştıkça, O'nunla birleşmek için nasıl olmamız gerektiğini keşfederiz.

BÖLÜM 8: KABALA'NIN DİLİ

Kelime hazinemiz zaman, yer ve hareket olgularına bağlı olan dünyayı algılamakla sınırlı olduğundan, manevi olguları ifade edecek veya nakledecek kelimelere sahip değiliz. Tüm kelime hazinemizi bu dünyada olmaktan oluşturduk ve dolayısıyla, manevi olguları dünyevi kelimeler kullanarak adlandırmak istersek bu kelimelerin yetersiz olduğunu görürüz.

Daha önce maneviyatı hiç hissetmemiş birine maneviyat deneyimini anlatacak kelimeler bulmak zordur. Manevi bir nesneyi tasvir etmek istesek bile, onu adlandıracak sadece fiziksel dünyaya ait kelimelerimiz vardır. Tek bir olgu bile tam tekabül eden kelimeler bulmaz ise tüm ilmin doğru anlamı mahvolur. Öyleyse, manevi dünyayı tanımlayacak uygun kelimeler veya dil olmadan onu anlatmak çözümlenmemiş bir problem olarak durmaktadır.

Dünyamızdaki her nesne ve eylem manevi dünyadaki karşılığından kaynaklanır. Dolayısıyla, Kabalistler bir birlerine bilgi ve ilim aktarabilecekleri güvenli bir yol buldular. Fiziksel dünyamızdaki nesne ve eylemlerin (dallar) isimlerini manevi dünyaya tekabül eden nesne ve eylemleri (kökler) tanımlamak için kullandılar.

Bu dil, hâlâ dünyamızda yaşarken ve kusursuz olarak karşılıklarını bilen manevi dünyaları edinmiş insanlar tarafından geliştirilmiştir. Böylece, Kabalistler en uygun olarak buna "Dalların dili" adını verdi.

Kabalistik kitaplarda gördüğümüz tuhaf kelimeleri, garip hikâyeler veya çocuk masallarından algıladığımız eylemlerin tanımları gibi anlayabiliriz. Bununla beraber, bu dil son derece kusursuzdur çünkü her kök ile onun dalı arasında kesin ve eşsiz bir uygunluk vardır.

Böyle bir uygunluğun olduğuna şaşırmamak lazım zira, dalların dilinin yaratıcıları aynı anda hem fiziksel dünyada hem de manevi dünyada mevcuttular. Bu nedenle tek bir kelimeyi bile değiştirmek mümkün değildir, her ne kadar anlamsız görünse bile dal köke aynen uymalıdır.

Manevi nesneleri bir birinden ayıran yer değildir, sadece manevi uyuşmazlık ve niteliklerindeki farklılıklardır. Dolayısıyla, ruhların sayısı yani ayrı manevi nesneler, fiziksel dünyadaki insanların sayısını belirler.

Yaratılışın başlangıcında tek bir ortak ruh vardı: Işık (haz) ve ona tekabül eden beden (arzu) *Âdem*. Bunlar kaynaşarak Yaradan'a tutunmuşlardı ve dolayısıyla maksimum zevki aldılar. Ruhun doğası sadece haz alma arzusudur ve ruh arzusuna uygun olarak haz ile doldurulmuştu. Ancak, hazzı alır almaz ruh utanç hissetti. Bizim dünyamızda da, hediye veya iyilik alan kişi aynı şekilde hisseder.

Utanç hissinin boyutu kişinin manevi gelişimine bağlıdır. Sadece bu his bizi sürekli olarak sınırda tutar ve toplumun yasalarını benimsemeye zorlar. Aynı his, bilgi, zenginlik, toplum tarafından tanınma ve saygı isteğimizin de altında yatar.

Alınan hazza karşılık şiddetli bir utanç hissettiği an, ruh ondan kurtulmanın tek yolunun hazdan zevk almayı bırakmak olduğunu keşfetti. Ancak, Yaradan'ın arzusu ruha zevk vermek olduğundan, ruh bu hazzı kendisi için değil Yaradan için almaya razı oldu.

Tıpkı bizim dünyamızda bir çocuk yemekten ne kadar zevk alırsa, "Anne için yemek yeme" gibi, ebeveynine de o kadar zevk verir. Bu durumda, ruhun Yaradan için haz alabilmesi sürekli olarak aldığı hazzın miktarını kontrol etmesi demektir.

Ancak, ortak ruh, onun doğal arzusu olan kendi için haz almanın (o kadar harikaydı ki!) anında üstesinden gelemediğinden sayısız parçacıklara (ruhlar) kırıldı. Bu parçacıklarla çalışmak, egoist haz alma arzusunu etkisiz hale getirmek, daha kolaydı.

Manevi dünyada mesafe olmadığından ve yakınlık eylemlerin ve düşüncelerin (sempati, sevgi) benzerliğiyle belirlendiğinden, "Yaradan için" alan ruhlar O'na yakındırlar çünkü bir birlerini anne ve çocuğu gibi memnun ederler.

Yakınlık, ruhun Yaradan'ın uğruna ne kadar zevk aldığı ile belirlenir. Alma arzusu içimizde içgüdüsel olarak hareket eder, ancak kendimizi utançtan kurtarma ve Yaradan için haz alma kendi içimizden meydana gelir. Dolayısıyla, kendini utançtan kurtarma ve Yaradan için zevk alma özel ve sürekli çaba ister.

Kendi için alan ruh, niyetinde ve manevi eyleminde Veren'e yani Yaradan'a zıttır. Egoistçe aldığı zevk ne kadar büyükse Yaradan'a zıtlığı da o kadar büyüktür.

Arzuların farklılığı kişiyi Yaradan'dan uzaklaştırdığından, dünyamıza farklı uzaklık seviyelerinde ayrı dünyalar oluşturuldu. Burada, ortak ruhun her parçasına ıslah için belli bir zaman dilimi (hayat süresi) ve tekrarlanan fırsatlar (hayat devirleri) verildi.

Bir insan sadece kendisi için haz alma arzusu ile doğmuştur. Bizlerin tüm "kişisel" arzuları saf olmayan güçlerin sisteminden kaynaklanır. Diğer bir deyişle, Yaradan'dan son derece uzağız, O'nu hissedemiyoruz ve dolayısıyla "manevi olarak ölü" sayılıyoruz.

Ancak, kişi kendisiyle mücadele ederken sadece başkaları ve Yaradan için yaşamak, düşünmek ve hareket etmek arzusunu edinirse, böyle bir arınma tam olarak Yaradan'la birleşene dek kişinin aşamalı olarak O'na yakınlaşmasına izin verir. Kişi Yaradan'a yaklaştıkça artan mutluluk hisseder.

Dünyamız ve tüm manevi dünyalar (Yaradan'a giden yoldaki basamaklar) ruhun bu dönüşümü için yaratılmıştır. Yaradan'la bütünleşmek herkesin bu dünyada yaşarken başarması gereken bir görevdir.

Bizim dünyamız Yaradan'a, O'nun niteliklerine en zıt noktadadır. Kendimizi egoist zevk alma arzusundan kurtararak O'na yaklaşırız ve iki kez kazanırız: O'ndan hazzı aldığımız için zevk alırız ve aynı zamanda O'nu memnun etmekten mutluluk duyarız. Aynı şekilde, annemin yemeğini yediğimde yemekten zevk alırım ve bunun onun hoşuna gitmesi beni memnun eder.

Egoist hazzın kısa ömürlü ve arzunun büyüklüğü ile sınırlı olduğuna (iki kez yemek yiyemeyiz) dikkat çekmek gerekir, kişi sonsuzca verebilir, paylaşabilir, veya bir başkası için alabilir. Bundan dolayı kişinin aldığı haz sonsuzdur!

Her dünya tüm yaşayanlarıyla birlikte (bizim dünyamız da dâhil) Yaradan'ın ruha sonsuz zevk vermek olan tek planında birleşir. Bu tek düşünce, bu amaç başından sona tüm Yaratılışı kuşatır. Hissettiğimiz tüm acılar, kendimiz üzerinde çalışmamız ve ödül sadece bu düşünce tarafından belirlenir.

Kişisel ıslahtan sonra, tüm ruhlar önceki gibi tek bir ruhta yeniden birleşirler. Dolayısıyla, her ruh tarafından alınan zevk, sadece hazzı kabul etmek ve Yaradan'ı memnun etmekten dolayı ikiye katlamaz, ayrıca birleşmiş ruhların sayıları ile de çoğalır.

Bu arada, kendi üzerlerinde çalışan insanlar manevi olarak yükseldikçe gözleri açılmaya başlar ve diğer dünyalar görünür olur. Dolayısıyla, halen bu dünyada yaşarken tüm diğer dünyaları edinirler. Onlar için, o tuhaf görünen Kabala dili, davranışların, düşüncelerin ve hislerin dili oluverir; o zaman bizim dünyamızda zıt olan olgular tek bir İlahi Kök'te birleşirler.

BÖLÜM 9: ZOHAR'A ÖNSÖZ'DEN

Zohar Kitabı yaratıldığı günden bu yana grup dışındakilerden gizlenmişti. Şimdi, onun ifşası için koşullar olgunlaştı. *Zohar*'ı her okuyucuya ulaşılabilir kılmak için önden bazı açıklamalarda bulunmalıyız.

İlk olarak dikkat edilmesi gereken şey, *Zohar*'da tanımlanan her şeyin on *Sefirot*'la aynı sırada olmasıdır: *Keter, Hohma, Bina, Hesed, Gevura, Tiferet, Netzah, Hod, Yesod, Malhut* ve bunların kombinasyonları. Aynı şekilde, herhangi bir düşünceyi alfabedeki sınırlı harf sayısı ile ifade edebilirsiniz, benzer şekilde on *Sefirot*'un kombinasyonları da her manevi eylem ve nesneyi tanımlamaya yeterlidir.

Ancak, insanın her zaman aklında tutması gereken şey şudur; bizim dünyamızdaki dört algı seviyesine (veya edinim) bağlı üç açık sınır vardır: Madde, Maddenin Doğası, Soyut Doğa ve Öz. Bu dört edinim seviyesi aynı zamanda on *Sefirot*'ta da vardır.

Birinci sınır: *Zohar*, sadece Madde'yi ve Madde'nin Doğası'nı araştırır, fakat hiçbir şekilde Soyut Doğa ve Öz ile ilgilenmez.

İkinci sınır: Varlıkların tümü üç seviyeden oluşur:

1. Eyn Sof (Sonsuzluk) dünyası;
2. Atsilut dünyası;
3. Beria, Yetsira ve Asiya (BYA) dünyaları.

Zohar sadece BYA'yı yani son üç dünyayı inceler. Eyn Sof ve *Atsilut* dünyalarının kendilerini değil, sadece *BYA* dünyalarının onlardan neler aldıklarını inceler.

Üçüncü sınır: *BYA* dünyalarının her biri üç seviyeden oluşur:

- Her dünyada Yaradan'ın parçasını oluşturan On Sefirot;
- İnsan ruhları;
- Var olan diğer her şey: Mala'ahim (melekler), Levuşim (giysiler), ve Heyhalot (saraylar).

Zohar Kitabı insan ruhlarını inceler, hâlbuki tüm diğer nesneler sadece insan ruhları ile ilişkilerine göre incelenirler. Tüm yanlışların, yoldan sapmaların ve aldanmaların bu üç sınırı aşmanın sonucu olmasının hiçbir önemi yoktur.

Takibeden *Sefirot* incelenen dört dünyaya; *Atsilut, Beria, Yetsira, Asiya* tekabül eder:

- *Sefira (Sefira'sı) Hohma, Atsilut* dünyasına tekabül eder;
- *Sefira Bina, Beria* dünyasına tekabül eder;
- Altı *Sefirot, Hesed*'den *Yesod*'a (hepsine *Tiferet* denir) *Yetsira* dünyasına tekabül eder.
- *Sefira Malhut, Asiya* dünyasına tekabül eder.

Atsilut dünyasının üzerinde var olanların tümü *Sefira Keter*'den bahseder.

Ancak, yukarıdaki her bir dünya da aynı zamanda on *Sefirot*'a bölünmüştür. Hatta herhangi bir dünyadaki bölünemeyecek kadar küçük olan bir nesne bile on *Sefirot*'a bölünmüştür (veya on *Sefirot*'tan oluşur).

Zohar her bir *Sefira*'ya kendine özgü bir renk verir (Şekil 2):

- Beyaz, *Sefira Hohma*'ya tekabül eder;
- Kırmızı, *Sefira Bina*'ya tekabül eder;
- Yeşil, *Sefira Tiferet*'e tekabül eder;
- Siyah, *Sefira Malhut*'a tekabül eder.

Hohma:	Erdemlik	Atsilut: (Beyaz)
Bina:	Anlayış	Beria: (Kırmızı)

Hesed:	Merhamet	
Gevura:	Güç	
Tiferet:	Güzellik	Yetsira: (Yeşil)
Netzah:	Dayanıklılık	(Tiferet)
Hod:	Görkem	
Yesod:	Temeller	

Malhut:	Krallık	Asiya: (Siyah)

Şekil 2

Sefirot'u dolduran Işık renksiz olmasına rağmen, bu Işığı alanlar onu, ona tekabül eden renkte görürler. Dolayısıyla, bütün beş dünyada (*Eyn Sof*'tan bizim dünyamıza kadar), Yaradan'dan yayılan Işık tamamen renksiz, fark edilmeyen bir özdendir. Işık sadece dünyalardan ve *Sefirot*'tan, renk filtrelerinden geçer gibi geçtiğinde, Işığı alan ruhun seviyesine göre sanki rengi varmış gibi algılarız.

Örneğin, *Atsilut* dünyası Işığı hiç renklendirmeden geçirir çünkü bu dünya Işığa benzer niteliklere sahiptir. Bu nedenledir ki *Atsilut* dünyasındaki Işık beyaz olarak tanımlanır. Diğer dünyaların nitelikleri Işığın niteliklerinden farklıdır; dolayısıyla, her biri Işığa olan manevi yakınlığına bağlı olarak Işığı etkiler.

Eğer beyaz Işığı kâğıda benzetirsek o zaman onun üzerine yazılı olan mesaj da bilgiyi temsil eder ve rengi beyaz zeminde göze çarpar. Aynı şekilde, kırmızı, yeşil ve siyahı algılayarak Işığı algılayabiliriz.

Atsilut dünyası *(Sefıra Hohma)*, kitabın beyaz zeminidir bu yüzden onu idrak edemiyoruz. Ancak, sırasıyla kırmızı, yeşil ve siyaha tekabül eden *Bina (Beria* dünyası), *Tiferet (Yetsira)*, ve *Malhut (Asiya)*, bize onların bileşimleri, bir birleriyle etkileşimleri ve *Atsilut* dünyasından dünyamıza gelen Işığa tepkilerine göre bilgi sağlarlar.

Dolayısıyla, sanki *Beria, Yetsira* ve *Asiya, Atsilut dünyasının* merkezleri bir olan örtülerini oluşturuyor gibidir. Şimdi nesnenin ediniminin dört türüne bakalım: Madde, Maddenin Doğası, Soyut Doğa ve Öz.

Nesnenin hileci bir insan olduğunu varsayın:

- Madde kişinin bedenidir;

- Maddenin doğası hilekârlık özelliğidir;

- Soyut Doğa, maddeyi göz ardı ederek, hilekârlıktır;

- Kişinin Öz'ü (ki bu bedenden ayrıldığında hiçbir şekilde tasavvur bile edilemez).

Aslında Öz'ü, herhangi bir hayalle desteklesek bile, duyu organlarımızla hayal bile edemeyiz. Sadece bizi kuşatan realiteye olan eylemleri ve tepkileri ve Öz ile bazı etkileşimleri edinebiliriz. Mesela, bir nesneyi incelediğimizde gözler sadece nesnenin kendisini algılamaz, onun ışıkla olan etkileşimini veya ışığın gözle etkileşimini algılar. İşitme duyumuz sadece sesi algılamaz, dalganın duyu organımızla etkileşimini algılar. Tat alma duyumuz sadece nesnenin kendisini değil tükürüğün, sinir uçlarının ve salgıların nesneyle etkileşimini algılar.

Tüm duyularımız sadece Öz'ün tepkilerinin etkileşimlerini açığa çıkarır, Öz'ün kendisini değil. Nesnenin sertliği ve sıcaklığı ile ilgili bilgi veren dokunma duyumuz bile nesnenin kendisini yani özünü ortaya çıkarmaz, sadece dokunma ve hissetmeye olan tepkimizi temel alarak hüküm vermemizi sağlar.

Dolayısıyla, dünyayı maksimumda edinmek Öz'ün bizi nasıl etkilediğini araştırmakta yatar. Ancak, en çılgın hayallerimizde bile, en azından bir kez hissetmeden, Öz'ü hayal edemeyiz, zihinsel hayal ve onu araştırma arzusundan yoksunuz.

Dahası, kendimizi bile bilemeyiz, bizim kendi Öz'ümüzü. Kendimi yer, şekil, ısı tutan ve düşünebilen bir nesne olarak algılamakla, benim Öz'ümün eylemlerinin sonuçlarını algılıyorum, Öz'ün kendisini değil. Dünyamızdaki en tamamlanmış düşünceyi, ilk edinim türü olan Madde ile alıyoruz. Bu bilgi varlığımız ve bizi saran dünya ile etkileşim için gayet yeterlidir.

İkinci edinim türünü, çevremizdeki doğayı duyularımızla inceledikten sonra, Maddenin Doğası ile alırız. Bu tür edinimin evrimi, hayatın her alanında son derece bel bağladığımız bilimin doğuşuna sebep olmuştur. Dünyanın bu düzeyde edinimi aslında insanlar için de gayet yeterlidir.

Üçüncü edinim türünü yani Soyut Doğayı, maddeyle kıyafetlenmemiş olup da maddeden ayrılmış olarak gözlemleyebilseydik mümkün olurdu. Ancak, doğa maddeden sadece tahayyülde ayrılabilir (mesela, bir kişiyle bağlantısız olarak düşündüğümüzde, hilekârlık soyut bir düşüncedir).

Ancak kural olarak, soyut şekliyle, maddeyle bağı olmayan bir doğayı incelemek güvenli sonuçlar vermez ve asıl olayı onaylamaz. Bunun, hiçbir zaman maddeyle kıyafetlenmemiş doğaları incelerken daha da doğru olduğunu görürüz!

Dolayısıyla, dört edinimden nesnenin Öz'ü kesinlikle hissedilemez ve Soyut Doğa da yanlış edinilir. Sadece madde ve onun doğası, maddeyle birlikte analiz edildiğinde, incelenen nesne hakkında doğru ve yeterli veri sağlar.

Manevi dünyalar olan *BYA*'da her nesne sadece madde ve doğası olarak elde edilir. Bu dünyalarda renkler (kırmızı, yeşil ve siyah) maddeyi oluşturur ve biz onları *Atsilut* dünyasının beyaz zemini üzerinde elde ederiz. *Zohar*'ı çalışan okuyucular kendilerini bize sunulan iki çeşit inceleme ile sınırlamaları gerektiğini akılda tutmalılar.

Daha önce bahsedildiği gibi, tüm *Sefirot* dört edinim seviyesine bölünür. Dolayısıyla, *Sefira Hohma*, Doğayı ve *Bina*, *Tiferet* ve *Malhut* da Doğa ile kıyafetlenmiş Maddeyi oluşturur.

Zohar'da sadece *Sefirot Bina, Tiferet* ve *Malhut* incelenir. Kitap, Öz'ü yani Yaratılışın her parçasına hayat veren Yaradan'ın bir parçasını (*Eyn Sof*) bırakın, maddeden ayrılmış doğayı incelemekle bile ilgilenmez.

Sefirot Bina, Tiferet ve *Malhut* incelememiz için bize *Atsilut* dünyasında sunulmuştur, *Sefirot Keter* ve *Hohma*, Asiya dünyasının sonunda bile bize sunulmamıştır.

Her dünyada var olanın tümü dört seviyeye bölünmüştür: Cansız, Bitkisel, Canlı (hayvansal), ve İnsan. Bunlar arzunun dört seviyesine tekabül ederler. Benzer şekilde, her nesne arzunun bu dört alt seviyesinden oluşur:

- Kişinin varlığını koruma isteği gelişimin cansız seviyesine tekabül eder.

- Servet isteği gelişimin bitkisel seviyesine tekabül eder.

- Güç, ün ve saygınlık isteği gelişimin hayvansal seviyesine tekabül eder.

- Bilgi isteği ise insan seviyesine tekabül eder.

Dolayısıyla, görüyoruz ki ilk arzu türünü, yani gereksinimler ve yaşamsal arzuları kendimizinkine göre daha alt bir seviyeden alıyoruz. Servet, güç ve saygınlık arzularımızı da başka insanlar aracılığıyla karşılıyoruz. Eğitim ve bilgi arzuları ise daha yüksek nesneler aracılığıyla karşılanır.

Tüm manevi dünyalar bir birlerine benzerler, sadece seviyeleri farklıdır. Bu yolla, *Beria* dünyasındaki cansız, bitkisel, hayvansal ve insan seviyeleri kendilerini *Yetsira* dünyasında tekabül eden cansız, bitkisel, hayvansal ve insan seviyelerine yansıtırlar. Sırasıyla, *Yetsira* dünyasının bu seviyeleri *Asiya* dünyasının tekabül eden seviyelerine ve devam ederek dünyamıza kadar gelir.

- Manevi dünyalardaki cansız seviyeye *Heyhalot* denir;

- Bitkisel seviyeye *Levuşim* denir;

- Hayvansal seviyeye *Mala'ahim* denir;

- İnsan seviyesine de belli bir dünyada "insan ruhları" denir.

Her dünyadaki on *Sefirot* Yaradan'ın o dünyadaki parçası olarak düşünülür. İnsan ruhları ise her dünyanın merkezidir ve sürdürülebilirliklerini diğer seviyelerden alırlar.

Zohar'ı çalışanlar, nesnelerin bahsedilen dünyadaki etkileşimleriyle ilişkilendirildiğini sürekli hatırlamalılar. Tüm incelemeler insan ruhunun ve onunla temas edenlerin çalışılmasına indirgenir.

Zohar, sadece bu dünyada giydirilmiş ruhları incelediğinden, *Eyn Sof* da sadece bu bakımdan incelenir. Diğer bir deyişle, bu kitap başka dünyalardaki diğer nesnelere bakışı değil, *Eyn Sof*'un bizimle ilgili etkisini, programını ve arzusunu araştırır.

Yaratılışın başından sonuna kadar tüm programı Eyn *Sof*'a dâhildir ve bizim dünyamızın olduğu kadar, *Beria, Yetsira, Asiya* dünyaları da bu programın asıl hayata geçirilmesini sağlarlar.

Dolayısıyla, tüm dünyalardaki bütün eylemler *Eyn Sof*'tan kaynaklanan programın uygulamasının neticesidir ve oradan *Atsilut* dünyasına inerler ve alt programlara bölünürler. Genel idare ve kişisel idare şeklinde, dünyalardan geçerek bizim dünyamıza belli bir sırada gelirler.

İnsan ruhları *Beria* dünyasında meydana gelir. Bu nedenle, kişi bu dünyadan başlayarak ruhların *Eyn Sof*'a bağımlılığını ve ilişkisini inceleyebilir. *BYA* dünyalarındaki her bir dünyanın on *Sefirot*'u her bir parçasının gerçekleştirilebilmesi için *Atsilut* dünyasının on *Sefirot*'undan buna göre bir program, yöntem ve süre alır.

Yaratılışın planı *Atsilut* dünyasında bir program olarak var olduğundan, *Atsilut* dünyasından geçen *Eyn Sof*'un Işığı renksiz kalır. Aldığımız tüm bilgiler bize *Beria, Yetsira* ve *Asiya*'nın renklerini ortaya çıkaran Işığın sonsuz dönüşümlerinden kaynaklanır.

BÖLÜM 10: ZOHAR'A GİRİŞ'TEN

Ara durumlar daha ziyade aldatıcı olduğundan, kendimizi ve bizi saran doğa hakkında en azından bir şeyler anlayabilmek için, Yaratılışın amacı ve nihai durumuyla ilgili açık bir fikrimiz olmalıdır. Kabalistler, Yaratılışın amacının yaratılan varlıkları en yüksek hazza getirmek olduğunu ileri sürerler. Bu nedenle Yaradan, ruhları yani "alma arzusunu" yarattı. Ve onları zevkle tamamen doyurmak istediğinden, O'nun haz verme arzusuna uygun muazzam bir zevk alma arzusu yarattı.

Öyleyse, ruh haz alma arzusudur. Bu arzuya uygun olarak da Yaradan'dan haz alır. Alınan hazzın miktarı onu alma arzusunun derecesi ile ölçülür.

Var olanların tümü ya Yaradan'la ilgilidir ya da O'nun yarattığı Yaratılışla. Zevk alma arzusunun yani ruhların yaratılışından önce sadece Yaradan'ın haz ihsan etme arzusu vardı. Dolayısıyla, O'nun arzusuyla aynı çizgide haz ihsan etme arzusu aynı miktarda haz alma arzusu yarattı, ancak nitelikleri zıttı.

Sonuç olarak, Yaradan'ın dışında var olan ve yaratılmış tek şey haz alma arzudur. Dahası, bu arzu tüm dünyaların ve onları dolduran tüm nesnelerin maddesidir ve Yaradan'dan yayılan haz her şeye yaşam verip yönetir.

Manevi dünyalarda, nitelikler ve arzular arasındaki zıtlık iki manevi nesneyi tıpkı fiziksel nesnelerin mesafe ile bir birinden ayrıldığı gibi ayırır. Dünyamızda, eğer iki kişi aynı şeyi sever veya nefret ederse, yani tercihleri çakışırsa, onlar için bir birlerine yakınlar deriz.

Eğer tercihleri ve görüşleri farklıysa, uzaklıkları da tercihleri ve görüşlerinin farklılığı ile aynı orantıdadır. İnsanlar arasındaki benzerlik fiziksel mesafe değil, "manevi" yakınlık ile belirlenir. Bir birlerinden nefret edenler iki kutup kadar manevi uzaklıktayken bir birlerini sevenler bir birlerine tutunurlar ve bütünleşirler.

Haz alma arzusu: Ruh, Yaradan'dan son derece uzaktır çünkü Yaradan'ın haz verme arzusuna zıttır. Tüm dünyalar ruhların Yaradan'dan bu uzaklığını onarabilmek için yaratıldı ve iki zıt sisteme bölündü: dört Işık *ABYA* dünyaları karşısında dört karanlık *ABYA* dünyaları.

Işık dünyaları ile karanlık dünyalar arasındaki fark sadece; birinci, Işık dünyalarının belirgin özelliğinin haz vermek olmasında ve ikincilerin yani karanlık dünyaların belirgin özelliğinin de zevk almak olması gerçeğinde yatar. Diğer bir deyişle, ilk zevk alma arzusu iki parçaya bölünmüştü: Biri özelliklerinde (almak) kaldı, diğeri ise Yaradan'ın özelliklerini edindi, yani O'na daha yakınlaştı ve O'nunla bütünleşti.

Sonrasında, dünyalar aşağıya doğru fiziksel dünyamıza dönüştü, yani insanların "beden ve ruh" sistemi olarak var olduğu yere. Beden, kendisi için zevk alma, egoizm olan *ABYA* karanlık dünyalarından aşağı inen değişmemiş haz alma arzusudur.

Dolayısıyla, kişi bir egoist doğmuştur ve manevi yasaları benimseyip Yaradan'a mutluluk getirene dek, bu sistemin etkisi altında var olmaya devam eder. Böyle yaparak kişi aşamalı olarak kendini egoizmden (kendi için zevk almak) arındırır ve Yaradan'ı mutlu etmek için zevk alma arzusu edinir. Sonra, ruh tüm Işık dünyaları sisteminden aşağı iner ve bedenle kıyafetlenir.

Burada bir ıslah süreci başlar ki tüm egoizm özgeciliğe (sadece Yaradan'ı mutlu etmek için zevk alma arzusu) dönüşene dek devam eder.

Bu yolla, kişinin nitelikleri Yaradan'ınkilerle eşitlenir, çünkü başkasının hatırı için almak, alma olarak değil ihsan etmek olarak kabul edilir. Niteliklerin eşitliği bütünleşmek veya tutunmak anlamına geldiğine göre, kişi Yaradan'ın planında onun için hazırlanan her şeyi otomatik olarak alır.

Yaradan tarafından yaratılan egoist alma arzusunun *ABYA* dünyaları tarafından ikiye bölünmesi (beden ve ruh), egoist zevk alma arzusunu Yaradan'ın uğruna zevk alma arzusuna dönüştürmemize izin verir. Bu yolla, hem Yaradan'ın planına göre bizim için hazırlanmış her şeyi alabiliriz, hem de O'nunla bütünleşmeye layık hale geliriz.

Buna, Yaratılışın nihai amacı gözüyle bakılır. Bu noktada, karanlık *ABYA* sistemine ihtiyaç kalmaz ve mevcudiyeti sona erer. 6000 yıl (egoizmi Yaradan için zevk alma arzusuna dönüştürme süresi) sürmesi gereken bu çalışma aslında her bir kişinin yaşam süresi ve tüm nesillerin birleşmesiyle gerçekleşir. Herkes bu çalışma tamamlanana dek yeniden bedenlenmek (re-enkarne olmak) zorundadır. Karanlık *ABYA* sistemi bedenin yaratılması için gereklidir ki egoizmini ıslah ederek, kişi kendi ikinci ilahi doğasını edinsin.

Ancak, eğer egoizm (egoist zevk alma arzusu) bu kadar düşük bir şey ise, Yaradan'ın düşüncesinde nasıl ortaya çıkabilir? Cevap çok basit: Manevi dünyada zaman olmadığından, Yaratılışın nihai durumu Yaratılış planı ile aynı anda ortaya çıktı. Bunun sebebi manevi dünyalarda geçmiş, şimdiki zaman ve gelecek tek bir bütün olarak birleşir.

Dolayısıyla, egoist zevk alma arzusu ve zıtlığın neticesi olan özellikler ve Yaradan'dan ayrılma, manevi dünyalarda hiç var olmadı. Yaratılışın başından sonuna dek ruh üç durumdan geçer. İlk safha nihai olandır; niteliklerin benzerliğinden dolayı zaten Yaradan'ın yanında var olandır.

İkinci safha bizim realitemizdir, egoizmin (iki *ABYA* sistemi tarafından beden ve ruh olarak ikiye ayrılan) 6000 yıl boyunca özgecilliğe dönüştüğü yer. Bu süreç boyunca sadece ruhlar ıslahtan geçerler. Bedenin etkisi ile içlerinde doğuştan var olan egoizm yok edilir ve doğa tarafından verilmiş özgecillik (ihsan etme özelliği) edinilir.

Tüm egoizm yok edilene ve "toprak"ta (*Asiya* dünyasının *Malhut*'u) çürüyene dek erdemlilerin ruhları bile *Gan Eden*'e

(Cennet Bahçesi) ulaşamazlar (Işık Dünyaları *ABYA* sisteminde belli bir seviye.)

Üçüncü safha ıslah olmuş ruhların, "ölülerin uyanışı"ndan sonraki, "bedenlerin" ıslahından sonraki safhasıdır. Bedende doğuştan var olan egoizmin özgecilliğe dönüştüğü durumdur ve beden Yaradan'ın onun için hazırladığı tüm zevki almaya layık hale gelir. Aynı zamanda beden, niteliklerin eşitliğinden dolayı Yaradan'la bütünleşir. Böyle yaparak, Yaradan'a haz verir çünkü Yaradan'la birleşmek *gerçek* hazdır.

Bu üç safhaya yakından bakarak, her birinin diğerinin ortaya çıkmasını zorunlu kıldığını keşfederiz. Aynı zamanda, birinin dışlanması diğerlerinin ortadan kalkmasına sebep olur.

Örneğin, eğer nihai üçüncü safha ortaya çıkmamış olsaydı, birinci safha da ortaya çıkmamış olurdu. Bunun sebebi, üçüncü safha var olduğu için birinci safhanın var olmuş olmasıdır ki, o da birinci safhada zaten var. Birinci safhanın tüm mükemmelliği, gelecek safhanın şimdiki safhanın üzerine yansımasıyla belirlenir. Gelecek safhanın varlığı olmasaydı, şimdiki safhanın varlığı da ortadan kalkardı. Bu, maneviyatta zaman değil sadece değişen durumlar olduğundandır.

Yaratılışın başlangıcından önce, Yaratılış Düşüncesinde amaç kesin ve varoluş olarak tasarlanmıştı ve Yaratılış bu noktada başladı. Dolayısıyla, birinci ve ikinci safhalar, son ve üçüncü safha tarafından desteklenir. Genel olarak baktığımızda, bu dünyadaki eylemlerimize ters olarak, maneviyatta her hareket muhtemel sonucu tasarlayarak başlar ve harekete gerçekten ulaşmakla izlenir.

Dolayısıyla, gelecek şimdiki zamanın varlığını gerektirir. Eğer ikinci safhadan herhangi bir şey yok olursa (kendi ıslahımız üzerine çalışma), üçüncü ıslah olmuş safha (birinci safhayı gerektiren) nasıl ortaya çıkar? Aynı şekilde, mükemmelliğin zaten var olduğu ilk safha, üçüncü gelecek safha sayesinde, hem ikinci hem de üçüncü safhaların tamamlanmasını gerektirir.

Ancak, üçüncü safha zaten mevcut ise (duyularımızda olmasa bile), ve Yaradan'ın planına göre onu elde etmek zorundaysak, o zaman özgür irademiz nerede?

Önceki söylenenlerden öyle görünüyor ki amacı elde etmek zorunda olmamıza rağmen, bunu yapmanın veya birinci safhadan üçüncü safhaya geçmenin iki yolu vardır:

- Birinci yol isteyerek; Kabala tarafından tavsiye edilmiş kuralların bilinçli yerine getirilmesini kapsar;

- İkincisi acı yoludur; çünkü acı bedeni egoizmden arındırabilir, özgeciliği elde etmeye ve dolayısıyla Yaradan'la bütünleşmeye zorlar.

Bu iki yol arasındaki tek fark ilkinin daha kısa olmasıdır. Aslında ikincisi de zaten bizi birinci yola getirir. Ne olursa olsun, her şey bir birine bağlantılıdır ve Yaratılışın başından sonuna dek tüm safhalarımızı gerektirir. Bozulmuş ve bayağı olduğumuzdan dolayı, Yaradan'ımız kadar mükemmel olmaya doğru gitmeliyiz. Gerçekten de, O'nun kadar mükemmel olan Biri kusurlu bir şey yaratamaz.

Şimdi, sahip olduğumuz bedenin gerçek bedenimiz olmadığını anlıyoruz. Aslında, gerçek bedenimiz, mükemmel ve ölümsüz, birinci ve üçüncü safhalarda mevcuttur. Şimdiki (ikinci) safhamızda, arzuların farklılığı ile Yaradan'dan ayrılmış ve kasıtlı olarak bayağı, bozulmuş, kusurlu ve tamamen egoist bir beden verilmiş durumdayız. Bu bedeni özellikle ıslah etmek için aldık ve üçüncü safhaya geldiğimizde bunun yerine ölümsüz bir beden alacağız. Sadece şimdiki zamanda çalışmamızı tamamlayabiliriz.

Ancak, kişi ikinci safhada da tamamen mükemmellikte var olduğumuzu söyleyebilir. Bunun sebebi şudur; her geçen günle daha çok ölen bedenimiz (zevk alma arzusu, egoizm) arzuladığımız safhaya ulaşmamız için bize engeller yaratmıyor. Sadece bir engel var: Bedenin nihai elenişi ve onun yerine mükemmel sonsuz bir bedenin, yani ihsan etme arzusunun kabul edilmesi için gereken zaman.

Fakat nasıl oluyor da bu kadar kusurlu bir evren, yani biz ve bayağı eğilimleriyle, toplumumuz böyle mükemmel bir Yaradan'dan hâsıl olabiliyor? Cevap şudur: Fani bedenimiz, tüm evren ve şu anki haliyle insanlık, Yaradan'ın amacına dâhil değildi. O bizim zaten son safhamızda olduğumuzu farz ediyor. Geçici olan her şey (egoizmi ile beden mesela), sadece kendimiz üzerinde çalışarak manevi yükselişimizi kolaylaştırıyor.

Bu dünyada yer alan tüm diğer yaratılmış varlıklar bizimle birlikte manevi olarak yükselip alçalırlar ve bizimle beraber mükemmelliği edinirler. Üçüncü safha ilk safhayı etkilediğinden, belirlenen amaca iki şekilde ulaşmamız planlanmıştı: Gönüllü manevi gelişim, ya da sadece bedenimizi etkileyen ıstıraba katlanma.

Bundan anlaşıldığı gibi, egoizm sadece bu dünyadan yok edilmek ve özgeciliğe dönüştürmek için yaratıldı. Acı, bize onun geçiciliğini ve değersizliğini ortaya çıkarmada bedenin ne kadar önemsiz olduğunu gösterir.

Dünyadaki herkes egoizmi kökünden söküp atmaya ve kendilerini değil bir birlerini düşünmeye karar verdiğinde, tüm endişeler ortadan kaybolur ve herkes sakin, sağlıklı ve mutlu bir hayat yaşar çünkü kendilerinin iyiliğinin sağlandığına emin olurlar.

Ancak egoizme saplandıkça, insanlığın başına gelen sürekli acıdan kurtuluş yok. Tam tersine, Yaradan bize acıları, Kabala tarafından sunulan yolun yani sevgi ve bir birine karşı sorumluluk yolunun seçimine karar vermeye yönlendirmek amacıyla gönderir.

Dolayısıyla, Kabala insanlar arası ilişkilere yönelik öğretileri Yaradan'a karşı olan görevlerimizden daha önemli sayar çünkü, sosyal görevler egoizmin daha hızlı yok edilmesine sebep olur.

Henüz üçüncü safhaya ulaşmamış olmamıza rağmen, bu bizi hiçbir şekilde küçültmez, çünkü bu sadece zaman meselesidir. Geleceği şimdiden hissedebiliriz, şu anki safhamızda, ancak bu geleceği hissetme yeteneğimiz ona olan güvenirliğimize bağlıdır. Sonuç olarak, tam olarak güvenen bir kişi üçüncü safhanın belirgin bir hissini geliştirebilir. Bu olduğunda sanki bedenlerimiz yok gibidir.

Ancak, ruh ebediyen mevcuttur çünkü bu özellik Yaradan'ınkine (maddenin ürünü olan akıla zıt olarak) uyar. Ruh, başlangıç doğası alma arzusundan oluşmasına rağmen, gelişim sürecinde Yaradan'ın niteliğini edinir.

Arzular ihtiyaçları doğurur ve ihtiyaçlar da bu ihtiyaçları karşılayacak uygun düşünceleri ve bilgiyi uyandırır. İnsanların farklı arzuları olduğundan, ihtiyaçları, düşünceleri ve gelişimlerinin farklı olması son derece doğaldır.

Sadece temel ihtiyaçları olanlar düşüncelerini ve eğitimlerini bu arzuları karşılamaya yönlendirir. Akıl ve bilgilerini kullanmalarına rağmen, düşük arzulara (hayat veren) hizmet ederler. Ego temelli haz arzuları yani insan ihtiyacıyla sınırlı olanlar bunu karşılamak için güç, akıl ve eğitimi kullanırlar.

Bazılarının zevk arzusu, haz almak için bilgiyi kullanmaya odaklanmıştır. Böyle kişiler bu ihtiyaçları karşılamak için akıllarını kullanmak zorundalardır. Bu üç tip arzu hiçbir zaman kendilerinin saf doğalarında ortaya çıkmazlar, çünkü hepimizin içinde çeşitli özelliklerle karışırlar. İşte bu arzuların bileşimi insanları farklı kılar.

Saf (Işık) *ABYA* dünyalarından geçerken, ruhlar hem başkaları hem de Yaradan için haz alma yeteneğini edinirler. Ruh bedene girdiğinde, özgecillik yani Yaradan için arzu doğar. Bu isteğin gücü arzunun büyüklüğüne bağlıdır.

Ruhun ikinci safhada edindiği her şey, bedenin bozulma ve yaşına bakmaksızın sonsuza dek ruhta kalır. Karşıt şekilde, bedenin dışında, ruh anında tekabül eden manevi seviyeyi alır ve Kök'üne geri döner. Doğal olarak, ruhun ebediyeti hiçbir şekilde yaşam boyunca edinilmiş, bedenin ölümüyle yok olan bilgiye bağlı değildir. Onun ebediyeti sadece Yaradan'ın özelliklerinin kazanılmasında yatar.

Biliyoruz ki 6000 yıldır, Kabala'nın yardımı ile ıslah olmak için geldik, bozulmuş zevk alma arzularıyla bedenlerimizi değil, saflık seviyeleri ve manevi gelişim boyunca yükselterek sadece ruhlarımızı ıslah edeceğiz. Ancak, egoizmin nihai ıslahı sadece "ölülerin uyanışı" denilen durumda mümkündür.

Daha önce de bahsedildiği gibi, ilk safhanın tam olarak kendini gösterebilmesi üçüncü safhanın varlığını gerektirir. Dolayısıyla, ilk safha, "ölü bedenlerin uyanışını" yani tüm kusurlarıyla egoizmin uyanışını gerektirir. Ondan sonra, bozulmuş haliyle egoizmi özgecilliğe aynı derecede dönüştürme işi yeniden başlar. Bu yolla iki kat kazanırız:

• Bedenden muazzam bir zevk alma arzusu alırız;

• Kendimiz için değil ama Yaradan'ın arzusunu yerine getirmek uğruna zevk alırız. Sanki biz haz almıyormuşuz da O'nun bize ihsan etmesine izin veriyormuşuz gibidir. Eylemlerimizde O'na benzediğimiz için, Yaradan'la bütünüzdür. O bize zevk verir ve biz O'na bunu yapması için izin veririz; böylece "ölülerin uyanışı" ilk safhanın ardından gelir.

Şimdi anladığımıza göre, "ölülerin uyanışı" ikinci safhanın sonunda, egoizmin yok edilmesi, özgecilliğin ve ruhun en yüksek manevi seviyesinin edinilmesinden sonra ortaya çıkmalıdır. Bu safhada, ruh mükemmelliği gerçekleştirir ve bedenin bir uyanış ve tam ıslah geçirmesini mümkün kılar.

Sırası gelmişken, bu prensip ("ölülerin uyanışı") her durumda etkilidir. Kötü bir alışkanlığı, özelliği veya eğilimi düzeltmek istediğimizde ondan tamamen kurtulmalıyız. Sadece, o zaman onu doğru yönde kısmen kullanmaya devam edebiliriz. Ancak, kendimizi ondan tamamen kurtarmadan, bu alışkanlık uygun, akıllı ve özgür bir şekilde kullanılamaz. Öyleyse şimdi, her birimizin minik bir bağ olduğu, uzun realite zincirindeki rolümüzü anlayabiliriz.

Hayatlarımız dört döneme bölünmüştür:

1. **Egoizmin azami seviyesinin kazanılması.** Bunu, hemen arkasından düzeltebilmemiz için karanlık *ABYA* sisteminden alırız. Karanlık *ABYA* sisteminde aldığımız hazlar, zevk alma arzusunu doyurmaz sadece onu büyütürler.

Mesela, kişi zevk almak isteyip de hazzı aldığında, arzu iki katına çıkar. İki katına çıkmış arzu karşılandığında da dört katına çıkar. Eğer kendimizi (Kabala yöntemini kullanarak) gereksiz arzulardan sınırlamaz ve temizlemezsek ve sonradan onları özgecilliğe çevirmezsek arzumuz hayat boyunca büyümeye devam eder. Sonunda, ölüm döşeğinde, isteğimizin yarısını bile gerçekleştirmeyi başaramadığımızı keşfederiz.

Diğer bir deyişle, karanlık güçlerin rolü bize üzerinde çalışacak malzeme sağlamak iken, genellikle biz kendimiz karanlık güçler için malzeme oluruz.

2. **İkinci dönemde,** kalbimizdeki arı nokta (manevi olarak doğduğumuzdan beri var olan) güç ve *ABYA* Işık dünyalarının yardımıyla, manevi yasaları benimseyerek yükselme fırsatı bulur.

Bu süreçteki asıl görev, maksimum manevi haz arzusunu büyütmek ve edinmektir. Doğum anında, sadece maddesel şeyleri arzularız: Geçiciliklerine ve istikrarsızlıklarına rağmen tüm dünyaya hâkim olmak ve varlık, ün ve güç elde etmek isteriz.

Ancak, manevi arzuyu geliştirdiğimizde manevi, ebedi dünyayı da kontrol etmek isteriz. Bu hem gerçek arzudur, hem de nihai egoizm. Kişi kendi üzerinde çalıştığında, bu muazzam kendi için zevk alma arzusu üzerinde, ıslah olmuş egoizmimizle aynı oranda manevi yükseklişler elde edebiliriz.

Egoizm, çok büyük zorluklar yaratır ve maneviyattan uzaklaştırır. Kendimizle sürekli ve şiddetli mücadele etmezsek dünyadaki her şeyi istemeye başlarız. Eğer mücadelede başarılı olursak, Yaradan'a doğru O'nunla bütünleşmemize yardım eden olağandışı güçlü bir çekim hissederiz.

Bu, dünyada aşina olduğumuz kişinin arzularını sınırlayıp disiplin ederek yaptığı arzulara karşı bir mücadele değildir. Daha ziyade, evrenin ve zamanın ötesinde maneviyatın, ebediyetin ve hâkimiyetin büyüklüğünü düşünerek, maneviyatı ve ebediliği edinmek için zorlayıcı bir arzu geliştiririz. Bu, Yaradan'la bütünleşme arzusu ikinci sürenin son seviyesidir.

3. Üçüncü gelişim süreci Kabala çalışmak ve Üst Dünyaların yasalarını yerine getirmekten oluşur. Bu dönemde egoistliğe zıt, niyeti Yaradan'a zevk vermek ve hiçbir şekilde kendimize fayda sağlamak için almadığımız, bir perde tarafından yardım ediliriz. Bu çalışma egoizmi, düzeltir ve Yaradan'ın yaptığı gibi iyilikler yapma arzuna dönüştürür.

Egoizmin yok edilen kısmına oranla, belli bir seviyenin ruhunu ve beş parçadan oluşan belli miktarda Işık ve hazzı alırız: *Nefeş, Ruah, Neşama, Haya, Yehida (NRNHY)*. Egoist zevk alma arzumuzu, egoizmi koruduğumuz sürece Yaradan'dan ayrı kalırız ve ruhun minicik bir parçası bile bedenlerimize giremez.

Ancak, egoyu tamamen yok ettikten ve sadece Yaradan için zevk alma arzusunu edindikten sonra (O'nun gibi olarak), tüm ruhumuz (ortak ruhun bir parçası) anında bizi ele geçirir.

4. Dördüncü dönem, egoizm tamamen yok edildiğinde, tam yenilenmenin ortaya çıktığı "ölülerin uyanışı"nı izler. Özgecilliğe dönüşüm işi devam eder, ancak dünyamızda sadece birkaç kişi bu görevi tamamlayabilir.

Kabala, tüm dünyaların insan (topluca insanlık anlamında) için yaratıldığını söyler. Ancak Yaradan'ın, diğer dünyaları bırakın bizim dünyamızda bile kaybolmuş olan, insan gibi küçük bir nesne için tüm bunları yaratma zahmetine girmesi acayip değil mi? Neden insanlığın tüm bu Yaratılış'a ihtiyacı var?

Yaradan'ın O'nun yarattıklarına zevk vermenin altında yatan hazzı, yarattıklarının ne kadar algılayıp anladıklarına bağlıdır. Yaradan'ın hazzı, aynı zamanda O'nu ne kadar tüm iyiliğin vericisi olarak anladığımızdan da etkilenir. Sadece bu durumda bizden haz alır. Bu tıpkı çok sevdiği çocuğuyla oynayan bir ebeveynin çocuğun kendisine olan tutumundan zevk alması gibidir. Ebeveyn, çocuğun onu seven ve sadece onun isteklerini bekleyen ve onları yerine getirmeye hazır, güçlü bir ebeveyn olarak tanımasından zevk alır.

Şimdi, Yaradan'ın, o yükselen mükemmel insanlardan ne kadar yoğun bir haz aldığını hayal etmeye çalışın, onlar Yaradan'ın kendileri için tüm hazırladıklarını kabul edip, yaşıyorlar. Onlar Yaradan'la, ebeveyn ile seven ve sevilen çocuğunkine benzer bir ilişki oluşturdular. Bundan, O'nun tüm bu dünyaları yaratmasına değer olduğunu anlayacaksınız ve hatta seçilenler Yaradan'a yaklaşanların ifşa ettiklerini daha iyi anlayacaklar.

Yarattığı varlıkları dünyaların ifşasına hazırlamak için, Yaradan bize haz alma arzusunun dört seviyesine uygun olarak dört gelişim seviyesi verdi: cansız, bitkisel, canlı (hayvansal) ve insan. Asıl seviye dördüncü seviyedir, ancak sadece aşama aşama gelişerek ve her bir seviyede tamamen uzmanlaştıktan sonra edinilebilir.

Birinci seviye (cansız) tezahürün başlangıcı, fiziksel dünyamızda arzunun başlangıcıdır. Bu seviyenin gücü tüm cansız doğa türlerini kapsar, ancak bu doğayı oluşturan hiçbir element (örneğin kayalar) bağımsızca hareket edemezler.

Haz alma arzusu ihtiyaçları ortaya çıkartır ve bunlar da arzu edilen nesneyi elde etmeye yönelik hareketleri oluşturur. Bu durumda (birinci seviye), haz alma arzusu çok ufaktır. Dolayısıyla, sadece tüm elementlerin toplamını etkiler ve doğanın her bir cansız unsurunda ayrı ayrı tezahür etmez.

Bir sonraki seviyede (bitkisel), haz alma arzusu daha büyüktür ve her bir maddeye mahsus tezahür eder. Dolayısıyla, bitkisel seviyedeki her bir element halen bireysel hareket etme yeteneğine sahiptir (mesela, bitkiler taç yapraklarını açar ve güneşe dönerler). Bu seviye, emilim ve boşaltım gibi işlemleri kapsar, ancak bu seviyedeki varlıklar hala bireysel özgür irade hissinden yoksundur.

Üçüncü seviyede (canlı), haz alma arzusu daha da büyür. Arzu, her bir muayyen unsurda ayrı ayrı hisler meydana getirir ve her birey için, diğerlerinden farklı, benzersiz bir yaşam oluşturur. Ancak, bu seviyede bir başkasının duygularını anlayabilme hissi yoktur. Bu varlıklar hâlâ başkalarıyla ilgili gerekli şefkat ve hazdan yoksundurlar.

En sonuncu, dördüncü seviye (insan), haz alma arzusu diğerleri için hisler yaratır. Örneğin, üçüncü ve dördüncü seviyeler arasındaki fark, tüm hayvanların tamamı ile tek bir insanın arasındaki farka benzer. Bunun sebebi hayvanların başkalarını hissedememesi ve ihtiyaçlarını sadece arzularının sınırları dâhilinde oluşturabilmeleridir.

Bununla beraber, bir başkasını hissedebilen bir kişi onun ihtiyaçlarını da edinir ve dolayısıyla diğerlerini kıskanır ve sonunda o kişi tüm dünyayı isteyene dek daha da daha da ister.

Yaradan'ın amacı yaratılan varlıkları memnun etmektir ki onlar da O'nun yüceliğini ifşa etsinler ve O'nun kendileri için hazırladığı tüm hazzı alsınlar. Açıkçası, sadece insanlar bu rolü gerçekleştirebilirler. Sadece insanlar diğerleri için gerekli hislere sahiptirler ve sadece insanlar kendi üzerlerinde çalışma sürecinde, Kabala'nın önerilerini takip ederek haz alma arzusunu başkalarını memnun etme arzusuna dönüştürebilirler.

Böyle yeteneklerin mevcudiyeti kişiye manevi dünyaların ve Yaradan'ın hissini getirir. Manevi bir dünyada *NRNHY*'nin (Işıklar) belli bir seviyesini edinerek, kişi Yaratılış'ın amacına uygun olarak haz alır.

Küçük ve önemsiz görünebiliriz, ancak Yaratılış'ın merkezini ve amacını oluşturan yine de insandır. Tüm dünyanın içinde doğduğu turp kadar acı ve küçük olduğuna inanan kurtçuk gibiyiz. Ancak, turpun kabuğunu yarıp dışarı baktığında, hayretle bağırır: "Tüm dünyanın benim turpum gibi olduğunu sanıyordum! Şimdi, dünyanın gerçekten ne kadar muazzam ve güzel olduğunu görüyorum!"

Aynı şekilde, egoizmin kabuğu içinde doğmuş olan ve sadece kendimizi memnun etmek isteyen bizler bu kabuğu, ıslahımızın vasıtası olan Kabala olmaksızın kıramayız. Haz alma arzumuzu, başkalarını ve Yaradan'ı memnun etme arzusuna çeviremeyiz. Bu sebepten dolayı, Yaradan'ın bizim için ne kadar iyilik hazırladığını algılamayı başaramayıp, tüm dünyanın gördüğümüz ve hissettiğimiz şeyler olduğunu düşünürüz.

Yaratılanın tümü beş dünyaya bölünmüştür: *Adam Kadmon, Atsilut, Beria, Yetsira* ve *Asiya*. Bununla birlikte, her biri sonsuz sayıda elementlerden oluşmuştur. Beş dünya beş *Sefirot*'a tekabül eder: *Adam Kadmon dünyası Sefira Keter*'e tekabül eder, *Atsilut dünyası Sefira Hohma*'ya tekabül eder, *Beria dünyası Sefira Bina*'ya, *Yetsira dünyası Sefira Tiferet*'e ve *Asiya dünyası Sefira Malhut*'a tekabül eder.

Dünyayı dolduran Işık (haz), buna göre beş çeşide ayrılır: *Yehida, Hayâ, Neşama, Ruah* ve *Nefeş* (NRNHY kelimesinin sondan sırayla baş harfleri).

Dolayısıyla, *Adam Kadmon* dünyası *Yehida* denilen haz (Işık) ile doldurulmuştur; *Atsilut* dünyası *Hayâ* denilen hazla doldurulmuştur; *Beria* dünyası *Neşama* denilen hazla doldurulmuştur; *Yetsira* dünyası *Ruah* denilen hazla doldurulmuştur ve *Asiya* dünyası *Nefeş* denilen hazla doldurulmuştur. **(Tablo 1'e bakınız)**

Dünya	Her Dünyadaki İlk Işık	Her Dünyadaki Sefirot (ilk Sefira koyu renk olandır) Ve Onları Dolduran Işık
Adam Kadmon	Yehida	**Keter (Yehida)** Hohma (Haya) Bina (Neşama) Tiferet (Ruah) Malhut (Nefeş)
Atsilut	Hayâ	Keter (Yehida) **Hohma (Haya)** Bina (Neşama) Tiferet (Ruah) Malhut (Nefeş)
Beria	Neşama	Keter (Yehida) Hohma (Haya) **Bina (Neşama)** Tiferet (Ruah) Malhut (Nefeş)
Yetsira	Ruah	Keter (Yehida) Hohma (Hayâ) Bina (Neşama) **Tiferet (Ruah)** Malhut (Nefeş)
Asiya	Nefeş	Keter (Yehida) Hohma (Haya) Bina (Neşama) Tiferet (Ruah) **Malhut (Nefeş)**

Tablo 1

Dünyalar Yaradan'dan gelir yani, hem zevk alma arzusu hem de arzuları karşılayan zevk Yaradan'dan gelir. Ancak, her dünya sırasıyla, kendine tekabül eden Işık'larla doldurulan, *Sefirot*'a bölünür: *Keter, Hohma, Bina, Tiferet* ve *Malhut* (**Tablo1'e bakın**).

Ek olarak, her dünyada dört seviye vardır: Cansız, Bitkisel, Canlı (hayvansal) ve İnsan. Saraylar (*Heyhalot*) Cansız seviyeye tekabül eder; giysiler (*Levuşim*) Bitkisel seviyeye tekabül eder; melekler (*Mala'ahim*) Canlı seviyeye tekabül eder ve insan ruhları (*Neşama*) İnsan seviyesine tekabül eder.

Bu seviyeler tek merkezli olarak bir birleri içinde yer alırlar (soğan katmanları gibi).

• En içteki *Sefira Keter* belli bir dünyayı etkiler, Yaradan gibi.

• *Neşamot*, (belli bir dünyada mevcut olan insanların ruhları) onu giydirir.

• Sonra, *Mala'ahim, Levuşim* ve *Heyhalot* bir birini giydirir.

Cansız, bitkisel ve canlı seviyeler dördüncü arzu seviyesi için yaratılmışlardır: insan ruhu. Dolayısıyla, sanki insan ruhunu dışarıdan giydiriyorlar (hizmet ediyorlar) gibidir. Doğuştan, ortak (orijinal) ruhun bir parçasına sahibiz. Bu parça kalplerimizde bir noktadır, arzularımızın veya egoizmimizin içinde. Tüm Yaratılış öyle inşa edilmiştir ki her seviyede ve her dünyada yöneten yasalar Yaratılış'ın her parçasında tezahür eder, en minik parçalarda bile.

Mesela, var olan her şey beş dünyaya veya *Sefirot*'a bölünmüştür: *Keter, Hohma, Bina, Tiferet* ve *Malhut*. Her bir dünya, içinde en önemsiz nesnenin bile beş *Sefirot*'a bölündüğü, beş *Sefirot*'tan oluşur.

Daha önce bahsedildiği gibi, dünyamızda dört seviye vardır: cansız, bitkisel, canlı (hayvansal) ve insan. Bunlar *Sefirot Malhut, Tiferet, Bina, Hohma* ve onların kökü *Keter*'e tekabül eder.

Ek olarak, cansız, bitkisel, canlı ve insan seviyelerinin her parçası arzunun büyüklüğüne göre dört alt seviyeye ayrılır (cansız, bitkisel, canlı (hayvansal) ve insan). Dolayısıyla, bir insanın arzusu da dört seviyeden oluşur: Her bir seviyenin merkezinde ruhun noktasıyla birlikte cansız, bitkisel, canlı ve insan.

Ancak, kişi tüm varoluşun yöneticisi olarak (Yaradan'ı hissetmediğinden dolayı hak ettiği saygı ve korkuyu duymadan) Yaradan'a doğru özel bir yaklaşım olmadan manevi yasaları yerine getirse bile, yani eğer kişi sadece kendi için haz almak istiyor ve özgecillik için bir eğilim arzuluyorsa bu, kalpteki noktanın gelişmeye başlaması ve hissedilmesi için yeterlidir.

Kabala'yı ve onun manevi yasaları yerine getirme yöntemini bu kadar şaşırtıcı yapan şey de budur. Dolayısıyla, manevi büyümenin egoist amacına rağmen Kabala çalışmak ve prensiplerini yerine getirmek, sadece ilk cansız seviyede bile olsa öğrenciyi aşamalı olarak yükseltip arındırır.

Maneviyatı fizikselliğin üzerine çıkardığımız ve özgecilliği arzuladığımız boyuta göre arzularımızı değiştiririz, böylece bu ilk seviyenin bütün yapısını inşa ederiz. Ondan sonra ruh yükselir ve *Asiya* dünyasının *Sefira Malhut*'u ile kıyafetlenir ve kişinin tüm bedeni o seviyede tekabül eden Işığı (hazzı) hisseder. Bu Işık daha yüksek seviyelere doğru ilerlemeye yardım eder.

Tıpkı ruhun noktasının *Nefeş* seviyesinin Işığının manevi doğumda kalbimizde var olduğu gibi, daha yüksek bir seviye olan *Asiya*'nın *Ruah* seviyesi de *Asiya*'nın ortaya çıkan tüm *Nefeş* seviyesinde var olur.

Aynısı her seviyede meydana gelir: Bir seviyede tamamen uzmanlaştıktan sonra, kişi bir sonraki, daha yüksek seviyenin noktasına yükselir. En yüksel seviyeye ulaşana dek, alçak ve yüksek seviyeler arasındaki tek bağlantı budur. Bu nokta aracılığıyla kişi Yaradan'a doğru ilerleyebilir.

Asiya dünyasının Nefeş Işığı'ndan, "*Assiya* dünyasının cansız seviyesinin Işığı" olarak bahsedilir çünkü bu ışık bedenin ıslah edilmiş cansız bölümüne tekabül eder. Böyle bir kişinin manevi dünyadaki eylemleri, fiziksel dünyadaki cansız doğanın eylemlerine benzer. Her iki durumda da ferdi hareket yoktur ve kişi sadece tüm cansız nesne ve arzuların ortak kütlesini içeren genel harekete dâhildir.

613 manevi yasaya uygun olarak, *Asiya* dünyasının *Nefeş*'i denilen nesne insan bedeninin 613 organına benzeyen ayrı ayrı unsurlar içerir. Her biri, Yaradan'ın Işığını (haz) kendine özgü algılar. Ancak, parçalar arasındaki farklar göze çarpmayacak şekildedir ve bir Kabalist sadece Işığın tüm parçalara eşit dağılan genel etkisini algılar. En yüksekten (*AK*'ın *Keter*'i) en alçağa kadar (*Asiya*'nın *Malhut*'u) *Sefirot*'lar arasında fark olmamasına rağmen, Işığı alan kişiye göre böyle bir fark mevcuttur.

Sefirot'lar kaplara bölünmüştür ve Işık onları doldurur. Işık, Yaradan'ın Kendisi'nden yayılır. Kaplara aynı zamanda *Sefirot Keter, Hohma, Bina, Tiferet* ve *Malhut* da denilir. Bu kaplar son üç dünya olan *Beria, Yetsira* ve *Asiya*'da, alıcıya giden Işığın tam miktarını ölçen ve engelleyen filtrelerden oluşur.

Bu yolla, herkes ruhunun manevi gelişim seviyesine tamı tamına tekabül eden miktarı alır. İçlerindeki Işığın homojen olmasına rağmen, alıcı açısından baktığımızda Işıklardan *NRNHY* olarak bahsederiz, çünkü Işık filtrelerin (kapların) özelliklerine göre bölünmüştür.

Malhut en yoğun filtredir. Ondan alınan Işık küçüktür ve bedenin sadece Cansız kısmını düzeltir, dolayısıyla, ona "*Nefeş* Işığı" denir.

Tiferet, Malhut'tan daha saydam bir filtredir; dolayısıyla, Yaradan'dan bize geçirdiği Işık miktarı bedenin Bitkisel kısmını arındırmayı hedefler. *Nefeş* Işığı'ndan daha yoğundur ve *Ruah* olarak adlandırılır.

Bina, Tiferet'ten daha saydamdır. Yaradan'ın Işığı'nı bedenin Canlı kısmını ıslah etmek için geçirir ve *Neşama* olarak adlandırılır.

Hohma en saydam filtredir. Işığı, İnsan seviyesindeki arzuları yükseltmek için geçirir. *"Hayâ Işığı"* olarak adlandırılır ve gücü sınırsızdır.

Daha önce de belirtildiği gibi, (Kabala'nın yardımıyla) hali hazırda *Nefeş* seviyesini edindiysek, bir sonraki seviye olan *Ruah*'ın noktası zaten içimizde mevcuttur. Manevi yasaları gerçekleştirmek için Kabala yöntemini uygulamaya devam edersek, haz alma arzusunun Bitkisel seviyesini ediniriz ki, bu da yükselir ve *Asiya*'nın *Sefira Tiferet*'ini kıyafetlendirir. Bu, bedenin Bitkisel seviyesine tekabül eden, daha güçlü bir Işık yani *Ruah*'ı sağlar.

Tıpkı cansızlara kıyasla dünyamızdaki bitkilerin kendilerine mahsus hareket yetenekleri olduğu gibi, manevi gelişimin başında olan bir kişi de manevi hareketlerin ve güçlerin uyanışını deneyimler. Aynı zamanda, kişi *Ruah* seviyesini tamamıyla edinirken, bir sonraki seviye olan *Neşama*'nın noktası o kişinin içinde zaten mevcut olur.

Kabala'nın sırlarını çalışırken, kişi arzusundaki canlı seviyeyi arındırır. Kişi tüm kabı inşa ederken yükselir ve *Asiya*'nın *Sefira Bina*'sını kıyafetlendirir ve ondan *Neşama* Işığı'nı alır. Bu durumda, bedenin arınmış canlı kısmından dolayı, kişiye "saf hayvan" (arınmış hayvan) denilir.

Böyle bir kişi 613 arzunun her biri için ayrı ayrı his edinir, çünkü tıpkı dünyamızdaki bir hayvan gibi kişi her hareketi kişisel olarak yapar. Böyle bir kişinin aldığı Işık, dünyamızdaki hayvanların bitkilerden farkı kadar farklı olur.

613 arzunun (kabın parçaları) tamamen üstesinden gelerek ve 613 parçanın her biri için özel bir haz Işığı alarak, kişi kendi üzerinde çalışmaya devam eder. Aynı Işık, *Neşama* kabı tamamen inşa edildikten sonra ortaya çıkan noktadan doğan arzunun insan kısmını arındırmak için de kullanılır.

Bir kez, insan seviyesine tekabül eden arzunun yaratılışı tamamlandı mı, başka insanların duygularını hissetme ve düşüncelerini bilme yeteneğini edinebiliriz. Alınan Işık (haz), bir önceki seviyeninkinden farklıdır, tıpkı dünyamızda bir insanın bir hayvandan farklı olduğu gibi.

Ancak, bu beş seviye sadece *Asiya* dünyasının *NRNHY*'nin yani *Nefeş*'in hazlarıdır,. Bunun içinde *Ruah* bile yoktur çünkü, *Ruah*, *Yetsira* dünyasındaki Işık'tır, *Neşama*, *Beria* dünyasında, *Hayâ*, *Atsilut* dünyasında, ve *Yehida*, *Adam Kadmon* dünyasındadır. Bununla birlikte, bütünde mevcut olan bütünün her parçasında da mevcuttur, yani kendine özgü parçalarda. Diğer bir deyişle, bu beş tür Işık, *Nefeş*'in en küçük cansız seviyesinde bile olsa *Asiya* dünyasında mevcutlar.

Bu beş tür Işık, *Yetsira* dünyasında, *Ruah*'ın genel seviyesinde mevcuttur. *Beria* dünyasında, *Neşama* seviyesinin *NRNHY*'sidir; *Atsilut* dünyasında, *Hayâ* seviyesinin *NRNHY*'sidir; ve *Adam Kadmon* dünyasında *Yehida* seviyesinin *NRNHY*'sidir. Dünyalar arasındaki fark, *Asiya* dünyasındaki *NRNHY* seviyelerinin farkı gibidir.

Öyleyse, her şey Üst Dünyaları edinmek isteyenlerin ve dolayısıyla manevi özelliklerini dünyaların özelliklerine eşitleyenlerin manevi seviyelerine bağlıdır. Sonuç olarak, onlar dünyaların ayrılmaz parçası haline gelirler, ki bu da neden tüm dünyaların yaratıldığını ve neden onlara ihtiyacımız olduğunu açıklar.

Gerçekten de, her dünyanın *NRNHY* seviyelerinden sürekli yükselmeseydik Yaradan'ı edinemezdik. Belli bir seviyeyi edinerek, Işığı (haz) hissederiz ve bu bize, Yaratılışın amacına yani Yaradan'a eşitlik ve tutunmaya ulaşana dek egoist haz alma arzusunu kökünden söküp atmaya devam etmede yardım eder.

NRNHY'nin, tüm Yaratılışın beş parçaya bölünüşünü teşkil ettiğini anlamak önemlidir. Genel sistemde fonksiyon gösteren aynı zamanda onun en minik parçasında da fonksiyon gösterir. Dolayısıyla, *Asiya* dünyasının en alt seviyesi bile onu oluşturan beş elementten, ayrı ayrı *NRNHY*'den oluşur. Bunun sebebi, her bölünemeyecek kadar küçük arzunun bile beş parçadan oluşmasıdır: *Keter* (Yaradan'ın temsilcisi), *Hohma, Bina, Tiferet,* ve *Malhut* (Yaratılışın kendi dört seviyesi). Ek olarak, arzuya yol gösteren haz da beş tür *NRNHY* Işığı'ndan oluşmaktadır.

Şöyle devam eder, *Asiya* dünyasının manevi olarak cansız seviyesinin Işığına bile, bu dört tür edinim olmadan ulaşılamaz. Hiç kimse, insanların ve Yaradan'ın iyiliği için düşünce aracılığıyla Kabala çalışmaktan ve manevi yasaları uygulamaktan alıkonulamaz. Ayrıca, hiç kimse *Ruah* seviyesini veya *Neşama* seviyesini Kabala'nın sırlarını çalışmadan edinemez.

Neslimiz hâlâ karanlığa dalmış durumdadır. Ancak bunun sebebi açıkçası, inancın azalmasıdır ve özellikle bilgelerin ilimlerine olan inancın azalmasıdır. Bu düşüşün en açık örneği gerçekleşmiş tanımlarla dolu olan Kabala kitaplarıdır.

Dolayısıyla, *Zohar Kitabı* üzerine tam bir tefsir yani bizleri Kabala'yı yanlış yorumlamaktan kurtaracak bir çalışmanın ihtiyacı doğdu. Bu tefsire *Sulam* (Merdiven) denilir çünkü, öğrencilerin basamakları aşama aşama çıkıp manevi yüksekliklere ulaşmalarına yardım eder. Her şey kişinin dünyaların yaratılışının derinliklerini edinme arzusuna ve onların içindeki yerine bağlıdır.

Kabala'nın amacı bir kısa hikâye ile örneklenebilir:

Uzak bir Krallıktaki bir kişi kanunları çiğnedi ve Kralın emriyle ülkeden sürgün edildi. Arkadaşlarından, ailesinden ve tüm sevdiklerinden ayrıldı. Başlangıçta, bu kişi yeni yerinde çok mutsuzdu ancak, yavaş yavaş hayattaki her şeyde olduğu gibi, yeni evine alıştı ve nerede doğduğunu ve bir zamanlar nasıl yaşadığını tamamen unuttu. Ne sürgüne gönderildiğini ne de başka bir yerde yaşamış olduğunu hatırlıyordu. Yeni bir ev yaptı, yeni arkadaşlar edindi ve bir hayat kurdu. Bir gün, kendi ülkesinin Krallığıyla ilgili bir kitap buldu. Ülkesinin nerede olduğunu ve orada ne kadar harika bir yaşantısı olduğunu hatırladı. Kitabı dikkatle düşündüğünde neden sürgün edildiğini ve oraya nasıl döneceğini kavradı.

Krallık, Büyük Kralın yasalarını uygulayanlar için her şeyin iyi olduğu, manevi dünyadır. Sürgün yeri ise bizim dünyamızdır. Herkesin onun aracılığıyla unutulmuş olanı hatırlayacağı, ruhunun anavatanını bulacağı, neden kovulduğunu anlayacağı ve sonunda başlangıç yerine döneceği kitap, *Zohar*'dır!

Peki eğer *Zohar*, ruhların dünyasını ve Yaradan'ı görüp hissetmekte, Üst Dünyaları edinmemizde bize yardım edebilecek kadar önemliyse, yazıldığından bu yana Ari'nin Kabalistik yöntemi ortaya çıkana dek neden bu kadar uzun senelerce gizlenmişti?

Bu sorunun cevabı Kabala'da bulunur: 6000 yıllık mevcudiyetinde dünya, Yaradan'ın etkisinin gösterildiği *Keter* ve diğer *Sefirot*'un üç gruba ayrıldığı on *Sefirot* olarak inşa edildi **(Şekil 3'e bakın)**.

- Baş: *Hohma, Bina, Daat;*
- Orta: *Hesed, Gevura, Tiferet;*
- Son: *Netzah, Hod, Yesod.*

6000 yıl da ayrıca üç kısma ayrılır:

- 2000 yıl – karanlık;
- 2000 yıl – hazırlık dönemi;
- 2000 yıl – *Mesih*'in (Kurtarıcı) günleri.

Şekil 3

İlk 2000 yıl baştan söz eder, yani bu dönem küçük Işığı (*Nefeş*) alır çünkü *Sefirot* kendisini dolduran Yaradan'ın Işığına tersten bağlıdır. Küçük bir Işık'la doldurulmalarına rağmen, İlk grup (yüksek *Sefirot*) ilk belirir: *Hohma, Bina, Daat*. Bu ilk 2000 yıl "karanlık dönemi" olarak adlandırılır.

İkinci grup *Sefirot*'un (*Hesed, Gevura, Tiferet*) geliştiği ikinci 2000 yıllık dönemde, ilk *Sefirot* grubunu dolduran *Nefeş* Işığı ikinciye iner, ve *Ruah* Işığı ilk grubu doldurur. Karanlık dönemini izleyen, bu 2000 yıllık dönem "*Tora* dönemi" olarak adlandırılır.

Üçüncü *Sefirot* grubu, *Netzah, Hod,* ve *Yesod* son 2000 yılı alır. *Nefeş* Işığı, ikinci gruptan buraya iner, *Ruah* Işığı ilk gruptan ikinci gruba iner, ve *Neşama* Işığı ilk gruba girer.

Tüm Kabala ilmi, özellikle de *Zohar,* üçüncü grup ortaya çıkana dek gizlenmişti. Ari bize *Zohar*'ı ifşa etti ve onun tefsirleri bize manevi dünyayı edinmemizin yolunu gösterdi. Ari bu dönemin sonundan önce öldü, yani tüm Işık üçüncü gruba girmeden önce. Dolayısıyla o dönemde, özünü dünyaya ifşa etmeden sadece belirli ruhlar Kabala çalışabiliyordu. Bugün, üçüncü dönemin sonuna yaklaşırken, *Zohar*'ın kapsamlı tefsiri *Sulam*'ı (Merdiven) ve *Talmud Eser Sefirot (On Sefirot'un İncelenmesi)* başlıklı sistematik Kabala ders kitabını anlamaya hazırız.

İlk ve ikinci 2000 yıllık dönemde yaşayan ruhlar son derece yücelmiş ve üst *Sefirot*'a (*Hohma, Bina,* ve *Daat; Netzah, Gevura,* ve *Hod*) tekabül etmelerine rağmen, dünyamıza henüz ulaşmadığından uygun Işığı alamamışlardır. Dünyamızdaki olayların da kanıtladığı gibi, şimdi en alt ruhlar dünyamıza iniyorlar ancak yapıyı tamamlayan bu ruhlardır. Üst Işık, çoktan dünyamızdan Üst Dünyalara yükselmiş Işığı Saran Işık olarak bize ulaşan üst ruhlara girer.

İlk nesillerin ruhları nitelik olarak bizimkileri geçmesine rağmen, arı ruhlar ilk önce bizim dünyamızda ortaya çıkacağından, Kabala ilminin içsel gizli kısmı (diğer ilimler gibi), Işığın yoğunluğuna bağlı olduğundan sadece son nesilde ifşa ediliyor.

Ruhlar ne kadar alt seviyede olursa, ifşa olunan ve dünyamıza giren Işık o kadar büyüktür. Bunun sebebi, düşük Işığın Üst *Sefirot*'tan (veya ruhlar) alta inebilmesidir ve Üst Işık, Üst *Sefirot*'ta (ruhlarda) boşalan yerlere girer.

Islahın gerçekleşmesi *Sefirot*'a (ruhlara) ve zihinsel niyet de ruhlara giren Işığa işaret eder. Aynı zıt bağlılık *Sefirot* (ruhlar) ve Işık arasında da mevcuttur: Yaratılış, alt Işıklarla doldurulmuş Üst *Sefirot* ile başlar ve Üst Işıkla doldurulmuş alt *Sefirot*'la (ruhlar) sona erer. Öyleyse, Üst Işığı açığa çıkaran alt ruhlardır, ancak sadece doğru Kabala çalışmasıyla ilgilenirlerse.

Zohar'ı incelemek ve Kabala'nın kendisini çalışmak, tüm dünyanın ıslahında ve katıksız huzur ve mutluluğun gerçekleştirilmesinde bir başlangıç noktasıdır.

BÖLÜM 11: ON SEFİROT'UN İNCELENMESİNE GİRİŞ'TEN

On Sefirot'un İncelenmesi'ne Giriş'te, Baal HaSulam (Rav Yehuda Aşlag), en önemli arzusunun bizi Kabala'dan ayıran demir duvarı yıkmak ve bu ilmin dünyamızdan yok olmasını bir kereliğine ve sonsuza dek engellemek olduğunu anlatır. Ancak Kabala çalışmaya karşı, özü ve amacıyla ilgili bilgisizlikten kaynaklanan birçok itirazlar ortaya çıkmıştır.

Baal HaSulam açıklamaya devam eder, eğer kendimize şöyle sorarsak, "Hayatımızın, sorunlarla dolu acı, zor, sayısız yılların anlamı nedir? Kim bundan zevk alabilir? Yaradan bizden ne istiyor?" bu soruların cevabı nerede?

Sonunda, Kabala'nın şöyle söylediğini ifade eder: "Yaradan'ın iyiliğini yaşayın ve görün" (Kabala çalışarak Yaradan'ı hissetmeyi edinmekten bahseder). O'nun ne kadar sevecen olduğunu ve her şeyi bize iyilik için yarattığını ve Kabala'yı bunu edinmemiz için bize verdiğini göreceksiniz. Bunların hepsini burada, bu dünyada yaşarken hissedeceksiniz. Kabala, bizi ölümü yani, acı ve anlamsız varoluşu değil, "Hayatı Seçmeye", iyiliği seçmeye teşvik eder. "Seç" denilir, yani bize bir seçenek verildiği anlamındadır.

Daha önceki makalelerde, sadece önceden belirlenmiş amacı edinirken, seçeneğin iki yol arasında olduğuna açıklık getirilmişti: Manevi gelişim yolu (Kabala'nın yolu) veya ıstırabın yolu vardır. Nihai amaç, egoizmi söküp atmak ve sevgi ve ihsan doğasını kazanmaktır.

Bu nasıl başarılabilir? Şöyle denir, "Yerde yatın, sadece su ve ekmekle memnun olun ve bu dünyada ve sonrakinde mutlu olursunuz." Bu yolla kişi manevi doğayı edinebilir, Üst Dünyalarla birleşebilir ve sadece bundan sonra Yaradan'ın iyiliğini hissedebilir.

Ancak, sadece özel bireyler (ruhlar) bu yolla amacı edinebilir. Dolayısıyla, bizlere başka bir yol verilmiştir: Kabala'yı çalışmak. Kabala'nın Işığı ruhu etkiler ve onu doğru yönde dönüştürür. Böyle yaparak, fiziksel acı ile değil, kalbimiz ve aklımızın aracılığıyla edinim yolunda yürürüz.

Ancak, Kabala Işığı sadece Yaradan'a sadık ve inançlı, O'nun iyiliklerine inanan kişileri etkiler. Bu yolda olmanın en önemli gereği, Yaradan'a inançtır ki bu da kişinin bu yola adadığı zaman ve çabayla ölçülür.

Öyleyse, iş Yaradan'ın gücüne, korumasına ve O'na doğru ilerleyenlere sevgisine azami güveni sağlamaya kalıyor. Bu inanç Kabala dışında başka hiçbir kaynaktan edinilemez. Kabala'nın en temel gücü doğrudan Yaradan'ın eylemlerini çalışıyor olmasında yatar. Dolayısıyla, ondan gelen Üst Işık yoğundur ve bizi hızla ıslah eder.

Kabala ilmi iki kısımdan oluşur: Gizli kalmış hiç tanımlanmamış kısım ve ağızdan ağza geçmiş bir kısım; ve birçok kitapta açıklanmış ifşa edilmiş bir kısım. Kişi ifşa olmuş kısmı çalışmalıdır çünkü amacı edinmek ancak buna bağlıdır.

Üst Işığın etkisi sadece bir Kabala öğrencisinin amacı kişisel egoizmi söküp atmak ve Yaradan'la bütünleşmek olduğunda pozitiftir. Kişi arzu edilen amaca hemen alışamaz, bu nedenle çalışırken sürekli olarak amacı takip etmelidir. Bu, özellikle manevi dünyaları ve Yaradan'ın eylemlerini çalışırken geçerlidir. Bu yolla, öğrenciler düşüncelere ve çalışılan ile bütünleşme arzusuna yoğunlaşmayı daha kolay bulurlar.

Tüm acı, sorun, ıstırap ve boşluğun sebebi manevi dünyadan uzaklığımızdır. Kendimizin dünyanın nasıl idare edildiğini yanlış anlaması ve Yaradan'ı hissetme yetersizliğimiz bizi O'nun yönetimini anlamada idrak noksanlığına götürür. Gerçekten de eğer dünyanın yönetimi ifşa edilmiş olsaydı, eğer ödül ve ceza eylemlerimizi anında izleseydi, herkes erdemli olurdu!

Dolayısıyla, tek eksiğimiz yönetimin gerçek bir algısı. Bu somut edinim dört aşamada gözler önüne serilir:

- Yaradan'ın eylemlerinin çift gizliliği;
- Tek gizlilik;
- Sebep ve sonucun, ödül ve cezanın edinimi;
- Mutlak edinim, her şeyin iyi ve kötü tüm yaratılmış varlıkların iyiliği için yaratıldığının aydınlığa kavuşması.

Yaradan başlangıç durumlarında insanlardan iki kat gizlenmiştir. Bu durumda, kişi Yaradan'ın dünyadaki varlığının sonuçlarını görmez ve doğaya inanır. Tek gizlilik, Yaradan'a yetersiz yakınlıktan dolayı kişinin başına gelen talihsizlikler durumudur. Bu durumdaki insanlar bu talihsizliklerin Yaradan'ın yönetiminin olduğu kadar, kişisel eylemlerinin sonucu olduğuna da inanırlar. Bu gizlilik, kişinin Üst Yönetimin varlığına inandığı noktadadır.

Bu iki gizlilik Yaradan'a yaklaşmanın asıl çalışmasını oluşturur, çünkü Yaradan'ın gizliliğinden dolayı iradenin özgürlüğü mümkün hale gelir. Kişi, Yaradan'ı her eylemde görmeyi arzularken, O'na inançla yaklaştıkça Yaradan Kendisini zaman içinde ifşa eder. Bu durumda, kişi dünyanın yönetiminin tüm sebeplerini ve etkilerini açıkça görür ve bir kez buna olan ihtiyacı ve inanılmaz faydalarını kavradı mı da egoizmi söküp atar. Doğal olarak bu noktada, kişi geri dönemez çünkü cezayı önceden görür ve hisseder.

Arınmaya devam ederken, kişi Yaradan'a karşı mutlak sevgi seviyesini gerçekleştirir ve dolayısıyla O'nun tam edinimini kazanır. Bu, her bireyin nihai amacıdır. İnsanları kontrol eden ve dolduran tüm dünyalar ve güçler bu amaç için yaratılmışlardır.

Şöyle yazılmıştır, "Dünyanızı edinin ve onu hâlâ hayattayken görün." Karanlıktaki uzun ve zorlu yolun ödülü budur, yani

Yaradan'ın gizli olduğu ve Yaradan'ın arayışı içinde dünyamızla manevi dünya arasındaki engeli ortadan kaldırmak adına doğaya ve topluma meydan okumak için istek gücümüzü kullandığımız durumdur. Ne kadar çok engel ve uzun mesafe kat etmemiz gerekirse edinilen karşılıklı sevgi hissi de o kadar güçlüdür.

Kabala çalışırken bu amacı sürekli gerçekleştirmeye çalışmalıdır çünkü ancak o zaman başarılı olabiliriz. Aksi takdirde, bu çalışma bize karşı döner ve sadece egoizmimizi büyütür. Bu yüzden, Yaradan'dan uzak olanlarımız için Yaradan'ın eylemlerini, düşüncelerini, ve amaçlarını tanımlayan Kabala öğretisi bu kadar önemlidir. O'nu daha iyi tanımamızı sağlar ve bu bilgi sayesinde O'nu sevmeye ve arzulamaya ulaşırız. Hepimiz en uzak noktadan başlamamıza rağmen, herkes sevgi seviyesini ve Yaradan'ın kesin edinimini tamamlamak zorundadır.

Bize gelmeden önce Kabala, *Atsilut* dünyasında yaratılışının seviyesinden itibaren bir birini izleyen birçok sınırlamalardan geçmiştir. Ancak, özü sabittir ve değişmez. Yaratılan varlıkların seviyesi ne kadar düşük ise, Kabala onlar için daha önemli hale gelir çünkü onlara, kendilerini içsel arzularla zapt olmuş bir bedenin engellerinden kurtarmalarında yardım eder.

Dünyamızda Kabala, *Atsilut* dünyası tarafından kontrol edilen, kıyafetlerin (doğa, canlı yaratılanlar ve zaman) altına gizlenmiştir. Bu kıyafetler (kabuklar) ıstıraplarımızın sebebidir çünkü yönetim sistemini gizlerler.

Kıyafetler (kabuklar) ve *Beria, Yetsira,* ve *Asiya* dünyaların gizlenmiş kısımlarına Kabala denir ve dünyamızın kabuklarına da "ifşa edilmiş ilim" denir. Kişi, ne çalışıldığına bakılmaksızın, *Yetsira* dünyasının kabuğuna girene dek Kabala'nın gizlenmiş kısmı ile uğraşır. Ancak, *Yetsira* dünyasına girdiği takdirde kişi Kabala'yı ifşa eder ve Işık anlamsız her şeyin yerini doldurur.

Dolayısıyla, kişi Kabala'yı bir gizemden öğrenmeye başlar ta ki bu gizem realiteye dönüşene dek. Bu, Yaradan'ın *Asiya* dünyasındaki tek ve çift gizliliğine, *Yetsira* dünyasının açığa çıkmasına, *Beria* dünyasında Yaradan sevgisinin edinilmesine ve *Atsilut* dünyasında tam sevgi ile bütünleşmeye tekabül eder. Ari'nin kitabı *Hayat Ağacı,* insanların Yaradan'ı süreklilikle, ıstırap olmaksızın ve güvenle edinmelerini sağlamak için yazılmıştır.

BÖLÜM 12: KABALA İLMİ'NİN SIRLARINI İFŞA İÇİN KOŞULLAR

Kabala'nın gizliliğinin üç sebebi vardır:

- Gereklilik yoktur,
- Mümkün değildir,
- Yaradan'ın kişisel sırrıdır.

Kabala'daki her bir detayda bu sınırlamalar eşzamanlı olarak empoze edilir.

"Ortaya çıkarma gerekliliği yoktur" yasağı ilmin açığa çıkmasının bir fayda getirmeyeceği anlamındadır. Mümkün olabilecek tek fayda topluma sağlayacağı apaçık bir fayda durumu olabilir. "Ne olmuş?" (Ben yapacağımı yaptım bunda bir kötülük yok), prensibiyle yaşayan insanlar tamamen gereksiz detaylara takılıp başkalarını da buna zorlarlar. Onlar dünyadaki birçok ıstırabın kaynağıdırlar. Dolayısıyla, Kabalistler sadece bunu bir sır olarak saklayabilecek ve gereksizce ifşa etmekten sakınacak öğrencileri kabul ettiler.

"Ortaya çıkarmak mümkün değil" yasağı, aşikâr olmayan manevi kavramları tanımlayacak dil sınırlamalarından kaynaklanır. Zira tüm sözlü girişimler başarısızlığa mahkûm olduğundan ve yanlış sonuçlara götüreceğinden öğrencilerin kafalarını karıştıracaktır; bu sırların ifşası Yukarıdan özel izin gerektirir.

"Yukarıdan özel izin", büyük Kabalist Ari'nin çalışmalarında şöyle tanımlanır: "Büyük Kabalistlerin ruhlarının Dış (Saran) Işıkla veya İç (Dolduran) Işıkla doldurulduğunu iyi bilin. Saran Işıkla doldurulmuş ruhlar sırları kelimelerle kıyafetlendirerek açıklamak yeteneğine sahiptirler ki böylece sadece bu sırları hak edenler anlayabilsinler. "Büyük Kabalist Raşbi'nin (Rav Şimon Bar-Yo-ha, Milattan Önce 2. yüzyılda yaşadı) ruhu, *Zohar*

Kitabı'nın yazarı, Saran Işıkla doldurulmuştu; dolayısıyla evrenin gizemlerini öyle bir şekilde açıklama gücü vardı ki Yüce Topluluğun (tarihte bir araya gelerek Kabala çalışmış bir grup insan) önünde konuştuğu zaman sadece hak edenler onu anladılar. Yani, o tek başına *Zohar Kitabı*'nı yazmak için ilahi izni aldı. Ondan önce yaşamış Kabalistler ondan daha çok bilmelerine rağmen onun manevi kavramları sözcüklerle kıyafetlendirme yeteneğine sahip değildiler."

Dolayısıyla, görüyoruz ki Kabala'yı ifşa etmek için gereken koşullar Kabalistin bilgisine değil onun ruhunun özelliklerine bağlıdır. Sadece bu sebepten dolayı bir Kabalist, Kabala'nın belli bir kısmını ifşa etmek için Yukarıdan direktif alır.

İşte bu yüzden, *Zohar Kitabı*'ndan önce Kabala üzerine yazılmış herhangi önemli bir çalışma göremiyoruz. Bulunanlar ise sadece belirsiz ve önemsiz ipuçlarıyla dolu. Raşbi'den sonra sadece Ari'nin, Kabala'nın farklı bir bölümünü ifşa etmesine izin verilmişti. Ari'den önce yaşayan Kabalistler muhtemelen ondan daha çok bilgi sahibi olmalarına rağmen onlara Yukarıdan izin verilmemişti.

"Yaradan'ın kişisel sırrı" yasağı, Kabalistik sırların sadece kendisini Yaradan'a adamış ve O'na saygı duyanlara ifşa olması anlamındadır. Bu, Kabala'nın sırlarının geniş halk kitlelerinden saklanmasının en önemli sebebidir. Birçok sahtekâr Kabala'yı, kehanetlerle, muskalarla, insanları kötü gözden "kurtarmakla" ve diğer lafta mucizelerle aptalların akıllarını çelerek kendi menfaatleri doğrultusunda kullandılar.

Başlangıçta Kabala tam da bu sebepten dolayı gizlenmişti. Dolayısıyla, gerçek Kabalistler öğrencilerini çok zorlu testlere maruz bırakma görevini üstlendiler. Bu, yukarıda listelenen yasaklara dâhil olan ve neden her nesilden Kabala çalışmasına izin verilen çok az sayıda kişinin en ufak bir detayı bile ifşa etmemeleri için yemin ettiklerini açıklıyor.

Bununla beraber, bu üç yasağın Kabala'yı üçe böldüğünü düşünmemeliyiz. Tam tersine, Kabala'da her bölüm, kelime, kavram ve tanım bu bölünme ile gerçek anlamın üç tür gizliliğine dâhil olur ve bu ilimde sürekli etkindir.

Şöyle bir soru ortaya çıkar: Eğer bu gizli ilim baştan sona bu kadar gizlendiyse, bütün bu Kabalistik yazılar nasıl ortaya çıktı? Cevap şudur: İlk iki yasak üçüncüden farklıdır çünkü üçüncü yasak en katı olanıdır. İlk iki kısım kalıcı olarak geçerli değildir, çünkü dış toplumsal sebeplere bağlı olarak **ifşa etme gerekliliği yoktur** şartı, bazen **ifşa etme ihtiyacı *vardır*** talimatına dönüşebilir. İnsanlığın gelişimi ile veya alınmış olan izne göre (Ari, Raşbi ve daha az bir boyutta diğer Kabalistlerin durumunda olduğu gibi) Kabala hakkında gerçek kitaplar ortaya çıkmaya başladı.

BÖLÜM 13: ANAHTAR KAVRAMLAR

Kabala, bu dünyada var olan yaratılmış varlıklara Yaradan'ı ifşa etme yöntemidir. Kabala, *Lekabel* (almak) kelimesinden gelir. Bu dünyada yaşayanların amacı tüm sonsuz hazzı almaktır ki bütün Yaratılış bunun için oluşturulmuştur.

Bir diğer kişiyi hissetme sadece insanlarda geliştirilmiştir. Bu duygu kıskançlık, empati, utanç ve manevi yükselme hissiyatı verir. Başkalarını hissetme yeteneği Yaradan'ı hissetmemize imkân vermek için içimizde yaratılmıştı.

Yaradan'ı hissetme, herkesin Yaradan'ı tam olarak arkadaşını hissettiği gibi hissetmesi demektir. Musa'nın Yaradan'la "yüz yüze" konuştuğu söylenir. Bu şu demektir; o, Yaradan'la ilişkisinin yakınlık derecesine göre bir arkadaş gibi Yaradan'ın mutlak edinimi hissine sahipti.

Hareketin sonu ilk düşüncede oluşur: Tıpkı, ev inşa eden bir insanın önce planı yapması ve sonra nihai amaca uygun olarak ayrıntılar üzerinde çalışması gibi, kişinin tüm eylemleri önceden belirlenmiş nihai amaç tarafından belirlenir.

Yaratılışın nihai amacına açıklık kazandırdıktan sonra, Yaratılışın ve onu kontrol etme yollarının nihai amaca tekabül ettiğini anlıyoruz. Yönetimin amacı insanlığın aşamalı gelişiminde yatar ta ki Yaradan'ı dünyamızdaki diğer yaratılan varlıkları hissettiğimiz gibi hissedene dek.

Yukarıdan aşağıya maneviyatı aşamalı olarak edinmenin bir yoludur. Diğer bir deyişle, bu bizim, kişinin bir diğerini tam olarak kendisini hissettiği gibi hissettiği ve manevi nesneleri, fiziksel nesneleri hissettiği açıklıkta hissettiği ve buna Yaradan'ın Kendisine kadar tüm seviyelerde devam ettiği noktaya kadar gelişimimizdir. Yaratılışın Yukarıdan inişinde geçtiği ve aynı seviyeler boyunca ilerlediği, Yaradan'ın edinim sırası budur. Bu şu demektir; bu yol zaten mevcuttur ve biz daha yüksek seviyeleri ifşa ettikçe, bunlara tekabül eden daha alçak seviyeleri de tamamen ifşa ederiz.

Aşağıdan yukarıya her iki dünyada da Yaratılışın sırasıdır: Manevi olan ve bizim son maddesel dünyamız.

Yaratılış yasalarının manevi olarak yerine getirilmesi: Yaratılışın amacını gerçekleştirme düşünce ve arzusu manevi mükemmelliği edinme yoludur.

Kabala'da dönemler: Yaratılışın başından beri ve İkinci Tapınağın yıkılışına kadar, Kabalistler "açıkça" Kabala çalışmışlardır. Tüm manevi güçler dünyamızda daha somut algılanıyordu ve özellikle Tapınak ve orada yürütülen hizmetler sayesinde, manevi dünyalarla ilişkimiz daha yakın ve anlamlıydı.

Toplumun ahlak seviyesi düştü ve bizler değersizleştik (yani özelliklerimizin farklılığı) ve manevi dünyaları hissetme yeteneğimizi kaybettik. Dolayısıyla, Tapınak yıkıldı ve sürgün dönemi başladı. Kabalistler gizlice çalışmaya devam ettiler ve "layık olmayanlara" Kabala'yı erişilemez kıldılar.

Zohar'da, Yaradan'ın arzusunun O'nun bilgeliğini dünyadan gizlemek olduğu yazar, ancak dünya *Mesih*'in günlerine yaklaştıkça, çocuklar bile O'nun sırlarını ifşa edecekler. Geleceği görüp inceleyebilecekler ve o zaman geldiğinde Yaradan Kendisini herkese ifşa edecek.

Raşbi, ön sürgün döneminin son Kabalisti idi; dolayısıyla, ona Yukarıdan *Zohar Kitabı*'nı yazmak için izin verilmişti.

Kabala on beş yüz yıla yakın yasaklanmıştı ta ki Kabalist Ari (Rav İsak Luria) ortaya çıkıp tüm Kabala'yı manevi olarak edinene dek. Çalışmalarında, *Zohar*'ı bize ifşa etti: "....altıncı bin yılın 600 yılında, bilgeliğin kaynakları yukarıdan açılıp aşağıya akacaklar."

Antik elyazmalarından birinde, Kabalist İbrahim Azulai (Milattan Sonra 6.yüzyıl), şunu buldu: "Yaratılışın 5300 (Milattan Sonra 1539 yılı) yılından itibaren, herkesin açıkça Kabala çalışmasına izin verilecek, yetişkinler ve çocuklar ve sırf bu yüzden Kurtarıcı gelecek."

Günlerin sonunda yaşadığımızın bir işareti olarak, büyük Kabalist Yehuda Aşlag (Baal HaSulam) bizim dönemimizde ortaya çıktı ve tüm Kabala'yı açık ve anlaşılabilir bir dille, bizim ruhlarımıza uygun bir yöntem kullanarak yorumladı.

Kabala ilminin yegâneliği, dünyamızla (yani tüm gizlilikleriyle bütün bilimler) ve onun unsurlarıyla ilgili tam bilgi içermesi gerçeğinde yatar, çünkü dünyamızı kontrol eden ve dünyamızın ortaya çıktığı kökleri inceler.

Ruh, herkesin hissettiği bir "Ben"dir. Daha yakından incelersek ruh, bedenimize ona hayat veren bir güç verir ki bu da "canlı" (hayvansal) bedeni yaratır. Aynı zamanda, manevi bedenimize, "manevi" (ilahi) ruh denilen bir arzu gücü verir ki bu da manevi olarak gelişmemiş insanlarda hemen hemen mevcut değildir.

Fiziksel beden ve canlı (hayvansal) ruh, dünyanın ürünleridir. Bunlar, duyu organlarımız aracılığıyla algılamamız için yeterlidirler. Manevi ruhu geliştirerek, "Ben"in ötesini hissedebilme yeteneği kazanırız. Bu, egoist "Ben"in hükümsüzlüğünden doğan manevi, özgecil "Ben" ortaya çıktığında olur. Dolayısıyla, ruhu bir "nokta"dan alıp asıl kapasitesine geliştirene dek daha yoğun manevi titreşimler hissetmeye başlarız.

Kabala'nın içsel özü, Yaradan'dan yayılan ve belli yasalara göre bize ulaşan, O'nun Işığının araştırmasıdır.

Kökler ve dallar yasası, dünyamızdaki yaratılışın tüm kısımlarını büyüyüp gelişmeye sevk eden güçlerin çalışmalarını belirleyen yasadır. Kabala'da şöyle denir: "Aşağıda, yukarıdaki meleği tarafından dokunulup "Büyü!" denilmeyen hiçbir çimen tanesi yoktur." **Dalların dili** de aynı zamanda diğer dünyalarda meydana gelenler hakkında bilgi ifşa etmeyi sağlar. Belli bir dünyayı dolduran yaratılanlar o dünyadaki nesneleri benzer bir şekilde algılarlar ve böylece kendi dillerini kullanarak bilgi alış verişinde bulunabilirler. Kişi aynı dili kullanarak diğer dünyalarda neler olduğu hakkında başkalarını bilgilendirebilir ancak, aynı zamanda bunun bizim dünyamıza tekabül eden başka bir dünyadaki nesnelerden bahsettiğini belirtmelidir. Bu, tam olarak *Tora*'nın yazıldığı dildir.

Tüm dünyalar bir birine benzerdir; fark sadece yaratılmış oldukları maddesel içeriktedir, dünya ne kadar yüksek ise maddesi o kadar "saf"tır (arı). Bununla beraber, onların işlev ve içerik yasaları aynıdır ve her izleyen dünya bir öncekinin (kök) tıpatıp kopyasıdır (dal).

Belli bir dünyayı dolduran yaratılmış varlıklar sadece o dünyanın sınırları içindekileri algılayabilirler, çünkü duyu organları sadece o belli dünyayı algılar. Sadece insanlar eşzamanlı olarak tüm dünyaları edinebilirler.

Edinim seviyeleri, Yaradan'ı algılamanın bir birini izleyen dereceleridir. Sanki dünyamızdan manevi dünyalara yükselen bir merdiven oluşturuyor gibilerdir. Bu merdivenin alt basamağına *"Mahsom"* (bariyer) denilir. Tüm manevi güçleri bizden öyle bütünüyle gizler ki onların hiçbir algısına sahip değilizdir. Dolayısıyla, biz dünyamızda Kaynağı (Yaradan) ve hayatın amacını bulmaya çalışırız.

Manevi dünyalardaki Işık: Bilgi, hisler ve zevkler, "Işık" (dünyamızda hayat ve ısı veren ışıkla veya düşünce, açıklık ve aydınlanmayla ilgili ışıkla karşılaştırdığımızda) denilen manevi gücün genişleyip daralmasıyla iletilirler.

Var olma hakkı: Dünyamızda iyi, kötü, hatta en zararlısı da dâhil, her şeyin var olma hakkı vardır. Düzeltmeler ve iyileştirmeler yapmak için bir fırsat verildik. Dünyamızda gereğinden fazla veya gereksiz hiçbir şey yoktur. Her şey, doğrudan veya dolaylı insanlığın iyiliği için yaratılmıştır. Öyleyse, kendimizi düzelterek (ıslah ederek), her türlü zararlı etkileri tesirsiz bırakabiliriz.

Islah: Yaradan dünyamızı yaratmayı bitirmedi; onu tamamlama ve mükemmelleştirme görevi bize emanet edildi. Biz dünyamızı olgunlaşma sırasında acı olan bir meyve gibi görüyoruz ve bizim görevimiz onu düzeltip tatlandırmaktır.

Islahın iki yolu: Islahın iki yolu:

1. Islahın manevi yasalarının herkes tarafından kabulünün yoluna "Işık yolu" denilir. Yaradan'ın bakış açısından tercih edilen budur çünkü O'nun amacı O'nun yarattığı varlıklara varoluşun tüm aşamalarında haz ihsan etmektir. Böylece, meyvenin acılığını hissetmeyiz.

2. Istırap yolu: 6000 yıl boyunca deneme ve yanılmalar vasıtasıyla, insanlık bir şekilde Yaratılışın yasalarını yerine getirme ihtiyacını anlar.

Ödül hazdır (olgun meyvenin tadı). Bizler sadece kendimizi etkileyebiliriz, kendimiz dışında hiçbir şeyi etkileyemeyiz. Dolayısıyla, ıslah sadece herkes kişisel mükemmellik üzerine çalışırsa olur.

Bir Kabalist, dünyamızda Yaradan'a benzerliği edinen herhangi bir kişidir. Manevi yasaları çalışıp yerine getirerek, kendimizi manevi olarak öyle bir boyuta kadar geliştiririz ki manevi dünyaların bir parçası haline geliriz.

Edinim, doğayı ve manevi nesnelerin özelliklerini inceleyerek kendi üzerimizde yaptığımız içsel çalışma sayesinde meydana gelir. Bizler psikolojik duyulardan, hayallerden veya önerilerden bahsetmeyiz. Burada söylenilen, insanın tüm psikolojik algısının üstünde ve ötesinde, özü manevi olan bir dünyaya gerçek yükseliştir.

Haz, sadece arzu ve istek varsa hissedilebilir. Bir arzu, sadece sonucu olan haz biliniyorsa var olabilir. İstek sadece, belli bir anda hazzın yokluğunda mümkündür. Hapishaneden çıkmamış bir insan özgürlükten zevk alamaz ve yalnızca hasta bir insan iyi sağlığın gerçek değerini bilebilir. Hem arzuları hem de istekleri Yaradan'dan alırız.

Yaratılmış olan ve Yaradan'da mevcut olmayan tek şey eksiklik hissidir. Kişi ne kadar gelişmişse bunu o kadar daha keskin hisseder. Bu eksiklik basit insanlarda ve çocuklarda sınırlıdır. Gerçek bir insan tüm dünyayı ister. Akıllı bir insan sadece bizim dünyamızı değil tüm diğer dünyaları da ister.

Kabala'da arzu ve isteğin bileşimine Kli (kap) denir. Hazzın kendisi, Or (Işık), Yaradan'dan yayılır.

Haz hissi: Kap Işığın girişini, kabın ve Işığın özelliklerinin benzerliğine bağlı olarak hisseder. Bu özellikler ne kadar benzer ise, kap o kadar çok ihsan edebilir, sevebilir ve haz verebilir ve alma arzusu o kadar küçülür. Kap Işığa ne kadar yakın ise Işığı ve hazzı o kadar fazla hisseder.

Manevi dünyalarda var olma: Yaradan'ı (Işık) hissetme veya hissetmeme yeteneğimiz sadece O'na yakınlığımıza bağlıdır, bu da Onunla özelliklerimizin eşitliğine dayanır. Bunun sebebi her birimizin birer kap olmasındandır. Kap ihsan etmek, başkalarını düşünmek, onlar için acı çekmek, kendi arzularını hiçe sayarak onları sevmek ve yardım etmek için en küçücük bir arzuya sahip olduğu sürece, bu kap manevi dünyalarda var olur ve kabın özellikleri hangi dünyada bulunacağını belirler.

Kötülüğün farkına varılması: Bir kap ihsan etme niyetinden yoksun olduğunda, kendini bu dünyada algılar. Sadece kendisiyle ilgilenme arzusu olan böyle bir kaba kişinin "beden"i denir. Bir başkası için özgecil olarak bir şey yapma yeteneğini hayal bile edemeyiz. "Kötülüğün farkına varılması" koşulundan geçerek, kendisinin kusursuz ve özenli bir analizi ile kişi, bir başkası için özgecil olarak bir şey yapma yeteneksizliğini tespit edebilir.

Kabın mükemmelliği: Kap (Kli) öyle bir yaratılmıştır ki Işıkta var olan tüm hazların arzularını ihtiva eder. Sınırlamalar ve kapların kırılmasından dolayı, belli sayıda ayrı ayrı kaplar oluşmuştur. Bu kapların her biri bir durumdan (dünya) diğerine geçer, ki bu da ayrılığa (ölüm) sebep olur.

Herkes bu dünyada yaşarken kabının özelliklerini Işığa benzer hale getirmek, tekabül eden miktarda Işık almak ve tamamen Işıkla (haz) dolu tek bir kap oluşturmak için diğer kaplarla (ruhlar) birleşmek zorundadır. Gelecekteki bu duruma Gimar Tikun (Islahın Sonu) denilir.

Işığın kaba girişi: İnsanlar arasındaki fark onların arzularının büyüklüğünden kaynaklanır. Manevi zorlama ve cinayet üzerindeki yasağın empoze edilmesi çok açıktır. Maddi kaplar (insanlar), manevi kapların özelliklerini çalışarak ona benzeme arzusunu harekete geçirirler ve manevi dünyadaki arzu, hareketi oluşturduğundan kendimizi aşamalı olarak değiştirerek Işığın kabımıza girmesine izin veririz. Işık kabın içindeyken, onu arındırır çünkü Işığın doğası "ihsan etmek"tir. Bu özellik sayesinde, Işık aşamalı olarak kabın özelliklerini de değiştirir.

Birinci Sınırlama (Tsimtsum Alef); ilk, ortak manevi kabın ortaya çıkmasının hemen ardından kendi üzerine empoze ettiği bir yemin, bir yasaktır. Bunun anlamı şudur; Yaradan'ın tek arzusu kabı hazla doldurmak olmasına rağmen, kap kendi üzerine bir koşul yükledi, kendisi için değil sadece Yaradan için haz alacaktır.

Dolayısıyla, sadece düşünce değişti hareketin kendisi değil. Bu, kabın Işığı almasının kendi isteğinden değil, ancak

Yaradan'ın isteğinden dolayı olduğu anlamına gelir. Bu nedenle, bizim amacımız alma arzusunu yani haz isteğini Yaradan'ın kap için istediği şekilde gerçekleştirmektir.

His, Işığın son derece küçük parçalarının bile, varlığına veya yokluğuna tepki verme özelliğidir. Prensip olarak, tüm hayatımız sadece his dönemlerinden oluşur. Genellikle, neyden haz aldığımızın bizim için bir önemi yoktur, sadece haz olmadan yaşayamayız. Tanınma ve ün sadece bir his sağlar, ancak haz bizim için çok önemlidir!

Durumumuz, dünyanın durumu ne olursa olsun, psikolojik durumumuza ve çevremizi nasıl algıladığımıza bağlıdır. Hislerimizin hiç biri kendi içsel dünyamızın ve çevrenin etkisinin ürünü değildir, çünkü her his Işıktan veya yokluğundan oluştuğundan dolayı bunların kaynağı Yaradan'ın Kendisidir.

Biz manevi durumumuza bağlı olarak ya kendimizi ya da Yaradan'ı ya da her ikisini de hissederiz. Sadece kendimizi hissederken, Yaradan'ın var olduğuna ve bizi etkilediğine inanabiliriz. Kendimizi bağımsız yaratılanlar olarak algılamamız gerçeği ve sadece bizim var olduğumuza inanmamız bile Yaradan'dan manevi farkımızın ve O'ndan uzaklığımızın sonucudur.

Niyet (Kavana), insanın yaptığı her hareketinin tek ve en önemli şeyidir. Bunun böyle olmasının nedeni, manevi dünyada bir düşüncenin hareketi oluşturmasıdır. Benzer şekilde, fiziksel dünyamızda da zarar vermek için bir başkasını bıçakla kesen bir kişi cezalandırılırken, bir başkası örneğin bir ameliyatta olduğu gibi, bıçağı iyileştirmek için kullanır ve ödüllendirilir.

Eğer manevi dünyaların kesin yasalarına göre hüküm verilirse, o zaman her kötü düşünce için insanın manevi olarak cezalandırılması lazım. Gerçekten de maneviyatta aynen böyle olur.

Psikolojik durumumuz ve sağlığımız da niyetimize bağlıdır, işimizin veya maddi durumumuzun zorluğuna veya özelliğine değil. Sadece fiziksel hareketlerimizi kontrol edebiliyorken, duygularımızı da sadece manevi dünya aracılığıyla değiştirebileceğimizi dikkate almamız gerekir.

Bu nedenle, dua son derece önemlidir; dua aslında bütün yaratılan varlıkların eşit olduğu ve arzulandığı, var olanların tümünün Kaynağına, Yaradan'a her yakarıştan oluşur (sözsüz olup kalpten gelenlerden bile).

BÖLÜM 14: SIK SORULAN SORULAR

Soru: Kabala'nın konusu nedir?

Zamanın başlangıcından beri insan türü varoluşun temel sorularının cevabını aramaktadır: Ben kimim? Hayatımın anlamı nedir? Dünya neden vardır ve ölümden sonra var olmaya devam edecek miyiz?

Her kişi sunulmuş olan bilgi kaynaklarından bu sorulara kendi cevabını bulmaya çalışır. Hepimiz en güvenilir yaklaşımla dünyaya kendi bakış açımızı geliştiririz.

Hayatın anlamı hakkındaki soru günlük ıstıraplarımıza daha global bir memnuniyetsizlik ekler. Ne için ıstırap çekiyorum? Gün be gün arzularımız geçici olarak doyurulsa bile bu soru bizi mutlu hissettirmez.

Amacımıza ulaşsak bile, kısa zamanda tatminsizlik hissetmeye başlarız. Geri dönüp baktığımızda, arzulanan nesneyi gerçekleştirmek için ne kadar zaman harcadığımızı ancak karşılığında ne kadar az haz aldığımızı görürüz.

Yukarıdaki soruların cevapları olmadığı için insanların arzuları eski inançlara dönüyor. Meditasyon ve fiziksel ve psikolojik uygulamalar daha rahat hissetmemizi sağlarlar. Ancak, bu sadece kendimizi unutma teşebbüsüdür çünkü, arzularımız doyurulmamıştır ve hayatın anlamı hâlâ muğlâktır. Bütün bu yöntemler bizi yatıştırır, hayatın amacı ve ıstırabın anlamı sorusuna cevap sağladıklarından değil, sadece taleplerimizi azaltmaya yardım ettikleri için.

Böylece, kısa zamanda gerçeğin göz ardı edilemeyeceğini keşfederiz. İnsanlık durmadan varoluşunun mantıklı bir sebebini arıyor, insan türü binlerce yıldır doğanın kanunlarını incelemiştir.

Modern bilim adamları, araştırmalarında ne kadar ilerlerse, dünyanın resminin daha da sisli ve karışık bir hâl aldığını anlıyorlar. Modern bilim kitapları daha çok mistisizm ve bilim romanlarına benziyorlar ancak, hayatın anlamı sorusuna bir cevap sağlamayı başaramıyorlar.

Kabala ilmi, dünyayı incelemede kendi yöntemini sunar. Bize, evrenin gizli kalmış kısmını hissetme yeteneğini geliştirmede yardım eder. Kabalistler bize kişisel tecrübelerine dayalı bir teknikten bahsederler. Kitaplarında, evreni incelemenin yöntemini öğretip, hayatın anlamı hakkındaki sorunun cevabını nasıl alacağımızı gösterirler.

Soru: Neden Kabala'ya "gizli ilim" denir?

Kabala insana en yakın ilimdir çünkü hayatın amacından, neden doğduğumuzdan ve bu dünyada neden yaşadığımızdan bahseder. Kabala; hayatın anlamını, nereden geldiğimizi, ve dünyevi dönemimizi tamamladığımızda nereye gideceğimizi açıklar.

Kabalistler bu soruların cevaplarını halen bu dünyada yaşarken alırlar. Kabala çalışması manevi dünyalar hakkında bilgi sağlar ve aynı zamanda bizi saran realiteyi algılayan ek bir altıncı his geliştirir. İşte bu hisle kişi evrenin gizlenmiş kısmını hisseder.

Evrenin, edinilebilen ancak genellikle gizlenmiş kısmı bize kendimiz hakkında sorduğumuz tüm soruların cevaplarını verir. Hiçbir şey bize bu bilgiden daha yakın ve önemli değildir, çünkü bize kendimizi, içinde yaşadığımız dünyayı ve kendi kaderimizi öğretir.

Kendimiz ve bu dünya hakkında öğrendiğimiz her şey, kendimiz tarafından ve kendi içimizde ifşa olur. Bunların hepsi tüm duygularımız ve bilgi birikimimiz başkalarından gizlendiğinde olur ki, bu sebepten dolayı Kabala'ya "gizlenmiş ilim" denir.

Soru: Kim Kabalisttir?

Kabalist, dışarıdan bakıldığında herkes gibi bir insandır. Bir Kabalist akıllı veya eğitimli olmak zorunda değildir. Dış görünüşünde hiçbir sıra dışılık yoktur. Kabala çalışarak, ek bir "altıncı his", dünyanın gizlenmiş kısmının hissini, edinmiş sıradan insanlardır. Sıradan insanların "manevi dünya" diye bahsettikleri Kabala, onlardan gizlenmiştir. Bir Kabalist, yeni edindiği bu hisle tüm evreni algılayabilir; hem bizim dünyamızı hem de manevi dünyayı, bizim her günkü realiteyi algıladığımız gibi, somut realite olarak algılayabilir.

Kabalistler Üst Dünyayı hisseder ve onu doğrudan edinirler. "Üst Dünya" denilir çünkü bizim sıradan algımızın ötesindedirler. Kabalistler, her şeyin Üst Dünya'dan aşağı gelip bizim dünyamızda ortaya çıktığını görürler. Tüm sebepleri ve etkilerini görürler çünkü eşzamanlı olarak hem Üst Dünyada hem de bizim dünyamızda var olurlar.

Sıradan bir kişi bizi kuşatan evrenin sadece bir parçasını algılar ve bu parçaya "bizim dünyamız" der. Bir Kabalist ise evrenin tüm kapsamını algılar.

Kabalistler bilgilerini özel bir dille yazılmış kitaplarla iletirler. Dolayısıyla, kişi bu kitapları sadece bir Kabalist'in rehberliği altında, özel bir yöntem izleyerek çalışabilir. Böyle bir durumda, bu kitaplar gerçek realitenin ediniminde bir vasıta olurlar.

Soru: Kabala çalışmak neden bu kadar önemlidir?

Her kişinin altıncı hissi geliştirmek için bir fırsatı vardır. Kabalistler kitaplarını manevi dünyaları algılarken ve onların doğrudan etkisi altındayken yazarlar. Bu kitapları okuyarak, onların içinde yazılanların tümünü anlamıyor olsa dahi, okuyucu kendisine "Saran Işığı" çeker.

Çalışma esnasında bu Işığı kendimize çekeriz ve Işık aşamalı olarak realitenin tam resmini bize ifşa eder. Tüm evreni algılayabilen altıncı manevi his, herkesin içinde uykudadır. Ona "kalpteki nokta" denilir. Sadece Saran Işık onu doldurabilir. Işığa "Saran" denir çünkü dolduramasa da altıncı hissi sarar.

Bu nokta, altıncı hissin embriyosu "genişler" ve yeterli "hacmi" kazanarak Saran Işığın içeri girmesine izin verir. Kalpteki noktaya Işığın girmesi öğrencide ilk Manevi, İlahi, Ötesi hissini yaratır. Işık noktaya girdikçe, Üst Dünyanın daha geniş ve net resmini algılarız ve geçmişimizi ve geleceğimizi görürüz.

On Sefirot'un İncelenmesine Giriş, Madde 155'de şöyle yazar:

"Neden Kabalistler her bir kişiyi Kabala çalışmaya zorlar? Şöyle ki; Kabala çalışan insanlar öğrendiklerini anlamasalar bile, anlama arzuları sayesinde, ruhlarını saran Işığı üzerlerine çekerler. Bunun anlamı şudur; her kişinin, Yaradan'ın Yaratılış Düşüncesinde hazırladığı her şeyi edinmesi garanti edilmiştir. Bunu, bu hayatında gerçekleştiremeyen kişi sonraki hayatların birinde bahşedilecektir. Kişi bu Işığı içine almaya yeterlik kazanana dek, Işık dışarıda parlamaya ve o kişi Işığı algılama hissini yaratana dek beklemeye devam eder."

Kabala çalıştığımız zaman, altıncı his henüz gelişmediğinden, Saran Işık, ruhlarımızın içinde derhal kıyafetlenmeden önce üzerimizde parlamaya başlar. Bununla beraber, çalışmamız esnasında, her seferinde aldığımız Işık, arındırır ve bizi Işığı içeri almak için hazırlar. Işığın kabulü mutlak bilgi, sakinlik ve ölümsüzlük hissi bahşeder.

Soru: Kabalistik bilgi nasıl nakledilebilir?

Kabalistler Üst Dünya hakkındaki bilgilerini sözlü ve yazılı ilettiler. Başlangıçta, Mezopotamya'da İ.Ö. 18. yüzyılda ortaya çıktı. Biriken bilgi, Hz. İbrahim'e aktarılarak Yaratılışın Kitabı'nda (Sefer Yetsira) açıklandı. Bu kitap halen kitapçılarda mevcuttur.

Her nesilde, Kabalistler kitaplarını o neslin ruhları için yazdılar. Kabala'da yüzyıllar boyunca birkaç dil kullanılmıştır. Bunun sebebi insan ruhunun gelişiminin yavaş yavaş olmasındandır. Nesilden nesle, artarak bayağılaşan ruhlar geçmiş yaşamların tecrübeleriyle bu dünyaya geri gelirler. İlave edilen ıstırabın yükünü getirirler ancak, aynı zamanda manevi "bagajlarına" katkıda bulunurlar. Bu bilgi bireyden gizlenmiş olsa da, kişinin kalp noktasında mevcuttur.

Dolayısıyla, Kabala'yı anlamak için, her neslin aşağı inen ruhlara uygun kendi diline ihtiyacı vardır. İnsanlığın gelişimi, ruhların bu dünyaya inişidir. Aynı ruhlar, dünyamıza indikçe ve her nesilde yeni bedenlerde göründükçe gelişirler, manevi ilerleme için ihtiyacı anlar ve ilahi bilgiyi, ebediyeti, ve mükemmelliği edinirler.

Soru: Manevi dünyayı hissetmeye başlamak ne kadar zaman alır?

On Sefirot'un İncelenmesine Giriş'te, gerçek kaynaklarla çalışan bir kişinin manevi dünyaya üç ila beş yılda girebileceği yazar. Bu demektir ki, eğer kişi doğru niyetle çalışırsa, böyle bir öğrenci bu dünya ile manevi dünya arasındaki bariyeri geçer ve Üst Işığı edinir.

İLAVE OKUMA

Üst Dünyaları Edinmek: Yaşam süremizde manevi yükselişin nihai doyumunu keşfetmeye doğru ilk adımdır. Bu kitap cevaplar arayanların, bu dünyanın olgusunu anlamak için mantıklı ve güvenilir bir yol arayanların tümüne ulaşır. Kabala ilmine bu görkemli giriş, aklı uyandıracak, kalbi canlandıracak ve okuyucuları ruhlarının derinliklerine götürecek yeni bir farkındalık sağlar.

Kabala'ya Uyanış: Kadim bir bilgelik geleneğine kendine özgü, kişisel, ve şaşırtıcı bir giriş. Rav Laitman, büyük Kabalist Rav Baruch Aşlag'ın (Yehuda Aşlag'ın oğlu) öğrencisi, sizlere Kabala öğretilerinin esaslarını ve bu ilmi başkalarıyla ve etrafınızdaki dünyayla ilişkilerinizi açıklığa kavuşturmada nasıl kullanabileceğinizi daha derin bir anlayışla sunuyor.

Rav Laitman, hem bilimsel hem de şiirsel bir dil kullanarak, maneviyat ve varoluşla ilgili en derin soruları irdeliyor. Bu kışkırtıcı, eşsiz rehber, olduğu haliyle dünyanın ötesini ve günlük yaşam sınırlamalarınızı görmek, Yaradan'a daha yakınlaşmak ve ruhun yeni derinliklerine erişmek için size ilham verip canlandıracak.

Kabala Deneyimi: Kabala'nın dili hiçbir zaman burada, bu zorlayıcı, aydınlatıcı toplu eserde olduğu kadar açık ve erişilebilir olmamıştı. Bu kitaptaki soru ve cevaplarla ortaya çıkarılan bilgeliğin derinliği, yansıma ve derin düşüncelere ilham verecek. Okuyucular her sayfadaki kelimeleri hazmederken aynı zamanda, büyüyen bir aydınlanma hissi de deneyimleyecekler.

Kabala Deneyimi, tüm öğrencilerin yolculuklarının bir noktasında deneyimleyecekleri durumları açığa çıkaran, geçmişten geleceğe bir rehberdir. Yazar, hayatın her dakikasını bağrına basanlar için ebedi Kabala ilminin eşsiz bir anlayışını sunuyor.

Kabala Yolu: "Kendinize ne taşlardan kazınmış heykeller ne de başka bir benzerlik yaratmayacaksınız." Tevrat'tan alınan bu yasak Kabala İlminin de temelidir. Kabalistler, realitenin hiç olmadığını ancak O'nun Özü, Üst Güç denilen bir şey olduğunu ifade ederler.

Kulağa ne kadar acayip gelse de bu düşünce, kanatlarının altında her birey için, her millet için ve tüm dünya için tam olarak özgürlük olasılığını gizliyor. Realitenin yapısı ve algısı bu kitabın dış görüntüsüdür.

Hâlbuki, insanlığın hikâyesi veya daha kesin olarak insan ruhu, okuyucuyu bu kitaba çeken gizli eğilimdir. Bu kitap sizin hakkınızda, benim hakkımda, hepimizin hakkındadır. Bu kitap geçmişte nasıl olduğumuz, şimdi nasıl olduğumuz, gelecekte nasıl olacağımız ve en önemlisi oraya ulaşmanın en iyi yolu üzerinedir.

Kabala İlmi: Kabalist ve bilim adamı, Rav Michael Laitman'ın, okuyucuyu Kabala terminolojisi ve özel diliyle tanıştırmak için tasarlanmış bir dizi metinlerinden ilkidir. Burada, Rav Laitman otantik Kabala'yı hem akılcı hem de olgun bir üslupla ortaya çıkarır. Okuyucular yavaş yavaş Evrenin akılcı tasarımının ve onun kimin evi olduğunun kavrayışına doğru götürülürler.

Kabala İlmi, netliğinde, derinliğinde ve akla hitabında eşsiz, devrim yaratan, okuyucuların Baal HaSulam'ın (Rav Yehuda Aşlag) Talmud Eser Sefirot ve Zohar gibi daha teknik çalışmalarına yaklaşmalarını mümkün kılacak bir çalışmadır. Bu kitabın aydınlatmasından bilim adamları ve filozoflar zevk alacağı gibi meslek sahibi olmayan insanlar da sadece otantik Kabala'nın sağladığı, hayatın muammasına dair doyurucu cevaplardan zevk alacaklar. Şimdi, sayfalar arasında dolaşın ve Üst Dünyalara doğru inanılmaz bir yolculuğa hazırlanın.

Zohar Kitabına Giriş: Kabalist ve bilim adamı Rav Michael Laitman tarafından yazılan, okuyucuyu "Zohar"ın gizli mesajını anlamaya hazırlayacak serinin ikinci kitabıdır. Kabala İlmi'ne yardımcı bu metinde değinilen birçok konunun yanı sıra, okuyucular "kökler ve dallar dili" ile tanıştırılıyorlar ki bu dil olmadan Zohar'daki hikâyeler sadece masal ve efsane olurlar. Zohar Kitabı'na giriş, okuyucuları, otantik Kabala'yı başlangıçta olması gerektiği gibi, Üst Dünyaları edinme vasıtası olarak anlamaları için gerekli araçlarla kesinlikle donatacaktır.

Mucizevî Bilgelik: Bu kitap ilk basamakları sunar, binlerce yıldır Kabalist öğretmenden öğrencisine aktarılan otantik öğretiler üzerine temellenmiş Kabala'ya başlangıç dersidir.

İçerikte sunulan, bilgeliğin doğasını ve onu edinme yöntemini açığa çıkaran bir dizi derstir. "Ben gerçekten kimim?" ve "Neden bu gezegendeyim?" sorgusunu yapan herkes için bu kitap bir zorunluluktur.

Kabala'nın Gizli Bilgeliği (On Kabala Dersi ile): Okuyucuya, bizim dünyamızda Kabala'nın rolünü anlamasını sağlayacak somut temeller sunar. İçerik, tüm dünyadaki bireylerin, üst dünyaların kavrayışına doğru, manevi yükselişin ilk aşamalarından geçmeye başlamasına izin vermek üzere tasarlanmıştır.

Yeni Başlayanlar için Kabala: Bu kitabı okuyarak, insan davranışının köklerini ve doğanın kanunlarını anlamada ilk adımınızı atabileceksiniz. İçerik, Kabalistik yaklaşımın başlıca prensiplerin sunar ve Kabala bilgeliğini ve nasıl işlediğini tanımlar. Yeni Başlayanlar İçin Kabala, bu dünyanın olgusunu incelemek için mantıklı ve güvenilir bir yöntem arayanlar, ıstırap ve hazzın sebebini anlamaya çalışanlar, hayatın önemli sorularına cevaplar arayan kişiler için tasarlanmıştır. Kabala, insanın evrendeki yerini araştırmak ve tanımlamak için kesin bir yöntemdir.

Kabala bilgeliği bize, insanın neden var olduğunu, neden doğduğunu, neden yaşadığını, hayatının amacının ne olduğunu, nereden geldiğini ve bu dünyada hayatını tamamladıktan sonra nereye gittiğini anlatır.

BNEI BARUCH HAKKINDA

Bnei Baruch, insanlığın maneviyatını yükseltmek amacıyla Kabala bilgeliğini yayan, kâr gütmeyen bir kuruluştur. Rav Yehuda Aşlag'ın (Zohar'ın, Sulam yorumunun yazarı) oğlu Rav Baruch Aşlag'ın öğrencisi ve kişisel asistanı Kabalist Rav Michael Laitman, PhD (Felsefe Doktoru), grubu misyona doğru götürmekte yol göstericisinin ayak izlerini takip etmektedir.

Laitman'ın bilimsel yöntemi tüm inançlardan, dinlerden ve kültürlerden insanlara, büyüleyici bir kişisel keşif ve manevi yükseliş yoluna çıkarken gerekli olan kesin yöntemleri sağlıyor. Odak noktası, öncelikle bireylerin kendi hızlarında geçirdikleri içsel süreçler olarak, Bnei Baruch, bu mükâfatlandırıcı süreçle ilgilenen her yaştan ve yaşam tarzından insanları memnuniyetle kabul eder.

Son yıllarda, tüm dünyada hayatın sorularına cevapların muazzam bir arayışına başlanmıştır. Toplum realiteyi olduğu gibi görme yeteneğini kaybetmiştir ve bunun yerine yüzeysel ve sık sık yanlış yönlendiren olgular ortaya çıkmıştır. Bnei Baruch, normalin ötesinde farkındalık arayan, burada olmamızın gerçek sebebini anlama arayışında olan herkese ulaşır.

Bnei Baruch, uygulanabilir rehberlik ve dünya olgusunu anlama yolunda güvenli bir yöntem sunar. Rav Yehuda Aşlag tarafından geliştirilen otantik öğreti yöntemi, günlük yaşamın dertleri ve felaketlerini aşmaya yardımcı olmakla kalmaz, bununla birlikte kişinin kendisini mevcut sınırlarının ve kısıtlamalarının ötesine genişletecek bir süreci de başlatır.

Rav Yehuda Aşlag, aslında bu dünyada yaşarken sanki çoktan Üst Dünyaların mükemmelliğini gerçekleştirmiş gibi davranmaya doğru "eğiten", bu nesil için bir çalışma yöntemi bırakmıştır. Rav Yehuda Aşlag'ın sözleriyle, "Bu yöntem, bu dünyada yaşarken Üst Dünyayı, varlığımızın kaynağını edinmek için pratik bir yöntemdir."

Bir Kabalist, bu kanıtlanmış, zamanla iyiliği ispatlanmış ve kesin yöntemi kullanarak kendi doğasını inceleyen bir araştırmacıdır. Bu yöntem vasıtasıyla, kişi mükemmelliği ve kendi hayatının kontrolünü edinir ve hayatın gerçek amacını anlar. Tıpkı, dünya hakkında bilgisi olmadan kişinin bu dünyada işlev göremeyeceği gibi, Üst Dünyanın bilgisi olmadan da ruh düzgün işlev göremez. Kabala bilgeliği bu bilgiyi sağlar.

BNEI BARUCH'LA İLETİŞİME GEÇMEK İÇİN

Bnei Baruch

1057 Steeles Avenue West, Suite 532

Toronto, ON, M2R 3X1

CANADA

Türkiye'den Bilgi Almak İsteyenler İçin

E-posta: turkish@kabbalah.info

İnternet Sitesi: http://www.kabala.info.tr/

www.ingramcontent.com/pod-product-compliance
Lightning Source LLC
Chambersburg PA
CBHW070955080526
44587CB00015B/2314